Bedeutung und Wesen des Patentanspruchs.

Kritische Studie

von

Georg Wilhelm Häberlein,
Dr. phil. et jur.

Berlin
Verlag von Julius Springer
1913

ISBN-13:978-3-642-93985-3 e-ISBN-13:978-3-642-94385-0
DOI: 10.1007/978-3-642-94385-0

Druck der Universitäts-Buchdruckerei von Gustav Schade (Otto Francke)
Berlin und Bernau.

Vorwort.

In einer zwanzigjährigen Praxis als Patentanwalt hatte ich reichlich Gelegenheit, Mißstände im deutschen Patentwesen kennen zu lernen, war aber einerseits wegen Überlastung mit Berufsgeschäften, andererseits wegen mangelnder juristischer Durchbildung nicht in der Lage, aus den praktischen Erfahrungen den rechten Gewinn für eine gedeihliche Ausgestaltung des deutschen Patentrechts zu ziehen. Wenn ich ernste Bedenken gegen die herrschende Meinung nicht unterdrücken konnte, so meinten gewisse Kollegen, es sei alles nur Personenfrage, und das Unheil komme vom Patentamt, was ich jedoch nicht glauben wollte. Juristen, denen ich hin und wieder meine abweichende Meinung äußerte, gaben mir mehr oder minder deutlich zu verstehen, daß man juristisch zu denken gelernt haben müsse, um alles zu begreifen. Das hat mich in mehr als einer Beziehung stutzig gemacht, und als ich von Berufsgeschäften frei geworden war, ging ich mit gewohnter Energie ans Werk, um in die geheimnisvolle Rechtswissenschaft einzudringen. Das war zwar schwierig, aber doch höchst anregend und befriedigend. Einen früher schon in Berlin neben meiner Beruftstätigkeit unternommenen Versuch konnte ich deshalb nicht durchführen, weil ich gar zu bald das fast 2000 jährige Wort bestätigt fand: Niemand kann zwei Herren dienen, wenigstens nicht gleichzeitig, wie es der Urheber des Worts ja auch wohl gemeint hat. Als ich mich dann in Marburg dem Studium der Jurisprudenz mit Ernst und Eifer hingab, merkte ich bald, daß dies Studium nur von solchen als trocken bezeichnet werden kann, denen das dazu allerdings erforderliche Verständnis fehlt. „Kein Interesse ohne Verständnis“ hatte Enneccerus, von dem ich in das römische und das bürgerliche

Recht eingeführt zu werden das Glück hatte, als Thema seiner Immatrikulationsrede gewählt, mit der ich ein Menschenalter zuvor unter ihm als damaligem Rektor zur philosophischen Fakultät gekommen war.

Nach abgeschlossenem Rechtsstudium hatte ich zunächst eine Reihe von recht verfahrenen Patentprozessen wieder einzurenken, deren Behandlung ich während des juristischen Studiums aus leicht begreiflichen Gründen abgelehnt hatte. Als ich auch davon frei geworden war und mich nach fünfjähriger Pause dem Patentrechte wieder zuwandte, stand die moderne Patentrechtslehre — nunmehr vermöge juristischen Denkens entschleiert — vor mir, aber fast wäre es mir gegangen wie dem kühnen Jüngling zu Sais. Nur eine starke Zuneigung zur Industrie als einer Jugendliebe, der ich mich schon mit 14 Jahren gewidmet hatte, vermochte mich abzuhalten, angesichts der quantitativ wie qualitativ z. T. recht bedenklichen Patentrechtsliteratur die Flucht zu ergreifen und meine Tage in friedlicher Stille zu beschließen. Angeregt wurde ich dazu noch besonders, als mir unmittelbar nach der Drucklegung meiner als Habilitationsschrift gedachten Arbeit „Der Anspruch auf ein Patent und das Recht an der Erfindung" von der Abteilung V der Technischen Hochschule Charlottenburg das vorschriftsmäßige Gesuch um Zulassung als Privatdozent für Patentwesen brevi manu mit der Begründung zurückgereicht wurde, daß dem Gesuche nicht Folge gegeben werden könne, weil das betreffende Lehrgebiet an dieser Anstalt nicht vertreten sei. Mir wäre umgekehrt die Begründung doch lieber gewesen, daß das Lehrgebiet schon vertreten sei; denn wenn ein für die heimische Industrie so wichtiges Lehrgebiet dort nicht vertreten ist, darf man sich auch nicht wundern, daß der akademisch gebildete Ingenieur im allgemeinen nur geringe Kenntnis vom Patentwesen besitzt.

So habe ich mich denn nun dem Patentrechtsstudium hingeben können, ohne durch irgendeinen Haupt- oder Nebenberuf behindert zu sein. Gar bald habe ich auch erkennen müssen, daß für ein solches Studium selbst eine volle Arbeitskraft kaum ausreichen kann. Früher hatte ich mich schon gewundert, daß ein Rechtsanwalt mit ausgedehnter Praxis die Zeit findet, einen dicken Kommentar zu schreiben; ich hatte im Stillen befürchtet, daß darunter das eine oder das andere, wenn nicht gar beides leiden könnte. Gelitten hat dabei jedenfalls die Patentrechtslehre. Die früher schon bestehende Zersplitterung ist unter einer Fülle neuer Ideen in den letzten 10 Jahren so gesteigert und auch die Rechtsunsicherheit so groß geworden, daß eigentlich nur noch von einem weisen Gesetzgeber Heil zu erwarten steht. In den Kreisen der Industrie wie der Richter, namentlich in den unteren Instanzen, herrscht Ratlosigkeit, von der auch die Reichsregierung nicht mehr ganz frei zu sein scheint. Wenigstens läßt das immer wieder verzögerte Erscheinen eines längst in Aussicht gestellten Entwurfs für das neue Patentgesetz einen solchen Schluß nicht ganz ungerechtfertigt erscheinen. Hoffnungen scheinen nur noch einige Rechtsanwälte zu hegen, welche gute Aussichten für die moderne Freirechtsbewegung zu haben vermeinen.

Einer unserer besten Kenner des deutschen Patentrechts, Schanze*), hat sogar die Frage aufgeworfen:

„Wie will man die lex lata reformieren, wenn man nicht weiß, was nach der Ansicht des Reichsgerichts von dem geltenden System der patentamtlichen Vorprüfung und Nichtigkeitserklärung eigentlich noch übrig bleibt?"

Tatsächlich hat die im Patentrecht zurzeit bestehende Verwirrung einer gedeihlichen Entwicklung des deutschen Patentrechts im Hinblick auf das wohlverstandene Interesse der nationalen Industrie schon empfindlich geschadet. Fast könnte man meinen, daß es einer kleinen, aber lauten Gruppe von Rechts- und Patentanwälten bereits gelungen sei, ein verständiges Weiterarbeiten auf der bewährten Grundlage der bisherigen deutschen Reichspatentgesetzgebung in Frage zu stellen. Doch darf man einer weisen Reichsregierung ein solches Maß von Verständnislosigkeit für das wahre Interesse der Industrie und für den Erfindungsschutz als Erscheinungsform moderner Volkswirtschaft**) nicht so ohne weiteres zutrauen.

---

*) Gewerbl. Rechtsschutz und Urheberrecht, 1912, S. 197.

**) Vgl. Damme, Der Schutz technischer Erfindungen, Berlin 1910.

Das wohlverstandene Interesse der doch als Hauptfaktor nationaler Wohlfahrt anzusprechenden deutschen Industrie geht jedenfalls nach einer anderen Richtung als die Bestrebungen einer vorwiegend von Rechtsanwälten geleiteten Gruppe, welche für die Industrie eine große Gefahr bedeutet, weil sie auch, abgesehen von ihren blendenden Antithesen, Kontroversen und Irrlehren negativ-kritischen Geist atmet und eine kaum glaubliche Voreingenommenheit gegen das Patentamt erkennen läßt. Bekanntlich hat die deutsche Industrie, aus der ja auch so viele Mitglieder des Patentamts hervorgegangen sind, eine weit bessere Meinung vom Patentamt als mancher Rechts- oder Patentanwalt. Die Industrie würde es sogar im allgemeinen freudig begrüßen, wenn dem Patentamt eine sehr viel weitergehende Einwirkung auf Patentstreitigkeiten eingeräumt werden würde als nach dem geltenden Patentgesetz. Durch das laute Vordrängen gewisser Wortführer darf man sich über die wirklichen Bedürfnisse der Industrie niemals täuschen lassen.

Prüft man die Frage einer richtigen Kompetenzverteilung zwischen der patenterteilenden Behörde und den ordentlichen Gerichten, so kommt man gar bald zu einer Ansicht, welche der neusten Lehre „im Licht moderner Rechtsideen" stracks zuwiderläuft. Dann begreift man aber auch nicht mehr, daß es Juristen gibt, welche von unauslöschlichen oder unbestreitbaren Verdiensten der Anhänger jener Lehre schreiben, und daß es Techniker gibt, welche daran glauben.

Allerdings, wer mit der Gruppe nicht wenigstens in der Hauptsache einig ist, also nicht nur in Nebenpunkten abweicht, sondern auch in der Hauptsache eine eigene Meinung hat, wie z. B. Damme — um nur einen zu nennen —, der hat keine Aussicht, auch nur annähernd so gefeiert zu werden wie der gefügige Verfasser irgendeiner nichtssagenden oder gar verwirrenden Darstellung. Manche Scheingrößen werden sogar schon von der Industrie angestaunt oder aber doch mit respektvollem Schweigen ertragen, obwohl sie gerade dafür gesorgt haben, das an sich klare deutsche Patentrecht fast bis zur Unkenntlichkeit zu verwirren oder zu entstellen.

Zu alledem tritt noch der erschwerende Umstand hinzu, daß die Juristen bei ihrem oft unzulänglichen Verständnis für technische Dinge sich auf die Darstellungen solcher Patentanwälte verlassen, deren Tüchtigkeit von anderen Juristen nur um so bereitwilliger anerkannt wird, je mehr ihre Darstellungen den unklaren Zielen der modernsten Freirechtsbewegung dienlich erscheinen.

Schwere Arbeit wird es kosten, wenn das deutsche Patentrecht seiner natürlichen Einfachheit und Klarheit zurückgewonnen und dem wohlverstandenen Interesse der nationalen Industrie entsprechend ausgestaltet werden soll. Einen ersten Versuch habe ich mit meiner oben genannten Schrift gemacht, wobei ich selbstverständlich nicht verkenne, daß auch sonst von berufener Seite im höchsten Grade anzuerkennende Versuche gemacht worden sind. Ich spreche eben von meinem ersten Versuche, dem hiermit ein zweiter folgt. Dieser gilt dem Patentanspruch, nachdem ich in dem 1912 erschienenen „Patentanspruch" von Dr. Wirth und Dr. Isay eine Fülle von Irrtümern und Entgleisungen angetroffen habe, die zu einer scharfen Kritik herausfordern, wenn die Bahn für eine gesunde Weiterentwicklung der deutschen Patentrechtslehre frei werden soll.

Wem mein Vorgehen etwa zu scharf erscheinen sollte, den verweise ich zunächst schon einmal auf die von der Gegenseite zuerst gegen Hartig und das Patentamt ganz unbedenklich geübte Kritik und das vor fast zwei Jahrtausenden geprägte Wort: „Mit dem Maß, damit ihr meßt, wird man euch wieder messen." Fand doch sogar Kohler die einseitige Schärfe und das Übermaß drastischer Lebhaftigkeit von Wirths Angriffen gegen Hartig im Hinblick auf dessen doktrinäre Art entschuldbar. Sodann aber ist die Verwirrung bereits so groß und die ganze Atmosphäre so schwül, daß ein reinigendes Gewitter*) mit starken Entladungen eine ganz gute Wirkung ausüben kann.

*) Rathenau verglich ja im Gewerbl. Rechtsschutz, 1912, S. 174, den Vortrag Isays über „Wesen und Auslegung des Patentanspruchs" mit einem Blitz aus heiterem Himmel.

Mir steht der Sinn gewiß nicht nach müßigem Streit; aber einem nach meiner Überzeugung notwendigen Kampfe bin ich noch niemals ausgewichen, obwohl ich schon manche Wunde davon heimzutragen hatte. Kampf ist alle geschichtliche Bewegung. Man soll ihn daher nicht scheuen; mit Leisetreterei oder „kollegialen" Erörterungen über „nur Mißverständnisse" ist in der gründlich verfahrenen Sache nichts auszurichten. Es handelt sich hier um eine Scheidung der Geister!

Hartig war schon tot, als das moderne Wort „man schiebe Hartig ganz beiseite" auffallenderweise damit begründet worden ist, daß das Patentamt nur noch entlastet, aber nicht mehr belastet werden dürfe. Der Riese Hartig hatte eine schwere Arbeit freudig und gern auf seine Schultern genommen und verdient gewiß nicht, nach seinem Tode herabgesetzt zu werden. Wenn ich es mit übernommen habe, ihn gegen Mißachtung und Entstellung zu schützen, so habe ich das Bewußtsein, eine gerechte Sache zu vertreten und der nationalen Industrie einen Dienst zu erweisen.

In dem Kampfe für die Gesundung der deutschen Patentrechtslehre konnte und durfte ich mich nicht auf eine Kritik der falschen Lehre Wirth-Isay beschränken, sondern mußte auch dem von mir trotz abweichender Ansichten hochgeschätzten Kohler entgegentreten. Meine Stellung ist also eine recht schwierige, zumal ich nicht über einen lauten Anhang verfüge; aber selbst einem aufreibenden und doch gar leicht vergeblichen Kampfe wollte ich mich nicht entziehen, nachdem ich trotz eifriger Umschau ringsumher niemanden erspähen konnte, der es unternommen hätte, die von Wirth und Isay über den Patentanspruch verbreiteten Irrlehren in ihrer ganzen Nichtigkeit zu beleuchten. Nicht eigenes Interesse treibt mich, sondern die Erkenntnis, daß dem Patentschutz und mit ihm der nationalen Industrie Gefahren drohen, auf welche klar und deutlich hingewiesen werden muß, wenn rechtzeitig Maßnahmen der Abwehr getroffen werden sollen.

In energischer Weise*) hat sich die Industrie dagegen gewehrt, daß das deutsche Patentrecht in Zukunft auf das Er-

*) Verhandlungen der Sachverständigen-Sitzung am 7. und 8. Dezember 1910. Berlin, bei Julius Springer.

finderrecht gestützt und damit die Angestelltenerfindung als soziale Frage verquickt werden sollte. Seitdem ist es wieder still geworden. Aber es drohen der Industrie noch sonst Gefahren, insbesondere hinsichtlich der Bedeutung und Auslegung des Patentanspruchs*). Auf ein Verständnis für diese Gefahren hinzuwirken und nach meinen schwachen Kräften für eine Berichtigung der Anschauungen über den Patentanspruch einzutreten, ist der alleinige Zweck dieser Schrift, von der ich wünsche und hoffe, daß sie bei der unter der bisherigen Rechtsunsicherheit am meisten leidenden Industrie nicht unbeachtet bleiben möge.

Berlin-Grunewald, den 3. Mai 1913.

Dr. Häberlein.

---

*) Während der Drucklegung habe ich noch von erfreulichen Anzeichen einer wirksamen Bekämpfung dieser drohenden Gefahr Kenntnis erhalten:

1. Vortrag von Herrn Justizrat Dr. Waldschmidt, gehalten am 5. Mai 1913 in der Sitzung des Vereins zur Beförderung des Gewerbfleißes.
2. Aufsatz von Herrn Geheimrat Dr. Aron in der Mainummer von „Recht und Wirtschaft".

Danach dürfte die von Dr. Wirth in Glasers Annalen vom 15. Mai 1913, Heft 10, S. 193 gemachte Angabe, daß noch niemand gegen die von ihm gegebene Schilderung der Praxis des Patentamts usw. Stellung genommen habe, wohl damit zu erklären sein, daß diese Feststellung schon am 14. April 1913 erfolgt war. Von meiner am 17. April 1913 geäußerten Absicht, die nähere Erörterung noch aufzuschieben, bin ich abgekommen, weil der Vortrag vom 13. März gar nicht so erscheinen wird, wie er gehalten wurde, sondern in einer erweiterten Form (vgl. Mitteilungen vom Verbande deutscher Patentanwälte, April 1913).

§ 1.

Ein Menschenalter nach Erlaß des ersten und mehr als zwei Jahrzehnte nach Inkrafttreten des zweiten Reichspatentgesetzes ist die Beurteilung des Rechtsschutzes auf Grund eines vom Kaiserl. Patentamt erteilten Patents unsicherer als die Beurteilung irgendeines anderen Rechtstitels. Die nationale Industrie leidet unter einer außerordentlichen Rechtsunsicherheit wie Prozeßhäufung, und das Ansehen der Rechtsprechung unter oft genug ganz unverständlichen Urteilen, besonders aber unter einer unverständigen Kritik und Ausnutzung der Urteilsgründe, welche losgelöst vom Tatbestande gar leicht falsche Vorstellungen erwecken können. Wie die Industrie selbst, so stehen meistens auch die Gerichte der unteren Instanzen der in der modernen Patentrechtslehre herrschenden Verwirrung ziemlich ratlos gegenüber.

Schon ist es dahin gekommen, daß eine verhältnismäßig kleine Gruppe von Rechts- und Patentanwälten gewissermaßen ein Ausschließungsrecht für die angebliche Weiterbildung des deutschen Patentrechts beansprucht und die große Masse in den Bann negativ-kritischen Geistes, überflüssiger Streitfragen, blendender Antithesen und kaum glaublicher Voreingenommenheit gegen die patenterteilende Behörde zieht. Das bedeutet eine große Gefahr, die sich außerordentlich folgenschwer erweisen wird, wenn es den lauten Wortführern der kleinen Gruppe — wie so oft im öffentlichen Leben — gelingen sollte, auf die bevorstehende Gesetzesänderung Einfluß zu gewinnen. Im Mittelpunkt der diesbezüglichen Bestrebungen steht zurzeit das im vorigen Jahre erschienene Buch „Der Patentanspruch“ von Dr. W i r t h und Dr. I s a y, als dessen einziger Vorzug anerkannt werden muß, daß es die drohende Gefahr mit verblüffender Deutlichkeit zeigt und erkennen läßt, wie wenig gerade diese lautesten Rufer im Streit der Meinungen den berechtigten Forderungen echter Rechtswissenschaft und dem wohlverstandenen Interesse der nationalen Industrie entsprechen. Beim ersten Durchlesen des aus früher geschriebenen Aufsätzen, früher gehaltenen Vorträgen und einer von den Verfassern gemeinschaftlich gegebenen Betrachtung über den Entwicklungsgang der Patentauslegung bestehenden Buches gewinnt man schon den Eindruck der Oberflächlichkeit und Gedankenlosigkeit, so daß man jedes Wort der Kritik für überflüssig zu halten geneigt sein könnte. Tatsächlich aber gibt es Leute, die das Buch ernst genommen haben, ja sogar für die bedeutendste Leistung eines Versuchs zur Lösung der so schwierigen Fragen halten. Selbst Juristen haben geglaubt, in bezug auf den Inhalt des Buches von unauslöschlichen oder unleugbaren Verdiensten sprechen zu können.

Angesichts solcher befremdlichen Erscheinungen und der meist stummen Scheu der Techniker selbst vor den gewagtesten Aussprüchen von Juristen erscheint eine nähere Betrachtung der in dem genannten Buch niedergelegten Irrlehren umsomehr berechtigt, als die Verfasser bereits alle entgegenstehenden Meinungen niedergezwungen zu haben glauben. Tatsächlich wagt es mancher schon gar nicht mehr, gegen solche Irrlehren entschieden Stellung zu nehmen. Manche, bei denen man den scharfen Gegensatz nur zu deutlich bemerkt, ziehen es vor, sich auf die Erklärung zu beschränken, man sei in der Hauptsache einig und weiche nur in Nebenpunkten ab. Das gibt der kleinen, aber eifrigen Gruppe naturgemäß Wind in die Segel; schon scheint es ihnen fast gelungen zu sein, die etwa widerstreitenden Meinungen niederzuhalten, wobei ihre eigene Unklarheit ihnen die besten Dienste leisten muß, insofern sie die gefährlichsten Gegner mit der Angabe zu erledigen suchen, diese hätten sie noch gar nicht verstanden oder aber mißverstanden. Dabei unterhält die kleine Gruppe die besten Beziehungen zu verschiedenen Zeitschriften und Vereinen, welche jedem Außenseiter die Arbeit erschweren und das Totgeschwiegenwerden erleichtern. Unbequeme Auslassungen, wie solche von D a m m e, v o n B ö h m e r, G l e i c h e n u. a., werden mit lakonischer Kürze abgetan, die umso verdächtiger erscheinen muß, wenn man die Fülle der Lobreden erwägt, mit der Mitglieder und Anhänger der kleinen Gruppe sich gegenseitig überschütten.

In ihrem Buch „Der Patentanspruch" stellen Dr. Wirth und Dr. Isay zunächst gemeinschaftlich fest, daß die Grundsätze für die Bestimmung des Schutzumfanges sich trotz des langen Entwicklungsganges durchaus noch nicht allgemeiner Zustimmung erfreuen. Sie sprechen von der Unsicherheit der Rechtsauffassung in Verbindung mit einem unzweifelhaft vorhandenen größten Interesse daran, daß die Entwicklung endlich einmal zu einem festen Abschluß gelange, welcher dem Patentsucher wie der Industrie zuverlässige Richtlinien geben solle, um ihr Verhalten mit Sicherheit danach einzurichten. In dieser Idee hat man einen Gedanken von Dr. Hartig und in dessen Behandlung eine Gedankenlosigkeit von Dr. Wirth und Dr. Isay. Gerade die von letzteren geforderte Abgrenzung der Tätigkeit des Patentamts und der Gerichte derart, daß der Schutzbereich des Patents ausschließlich vom Gericht festzustellen sei, ist das denkbar ungeeignetste Mittel, der Industrie zuverlässige Richtlinien für ihr Verhalten gegenüber den erteilten Patenten zu geben. Aber auch dem Patentinhaber ist keineswegs damit gedient, daß er nach der Patenterteilung erst noch die drei Instanzen des ordentlichen Prozeßverfahrens zu durchlaufen hat, bevor er weiß, wie weit sein Patentschutz eigentlich reicht. Gerade die Angabe, daß Patentsucher und Industrie zuverlässige Richtlinien erhalten sollen, um ihr Verhalten mit Sicherheit danach einzurichten, deutet doch auf die Notwendigkeit, daß das Ausschlußrecht schon bei der Patenterteilung möglichst zuverlässig abgegrenzt werden muß. Mit solchen Richtlinien, welche allenfalls erst jahrelang nach der Erteilung des Patentes mittels der Gerichte und ihres fragwürdigen Sachverständigeninstituts ermittelt werden müssen, ist weder dem Patentsucher noch der Industrie gedient. Beide haben vielmehr das lebhafteste Interesse, die Grenzen des Patentschutzes schon bei der Erteilung des Patentes möglichst zuverlässig beurteilen zu können. Übrigens aber werden Prozesse mit ihrem oft genug ganz unerwarteten Ausgange — abgesehen von den Rechtsanwälten — als Übel empfunden, und gerade der vielgeschmähte Dr. Hartig wollte der nationalen Industrie dieses Übel möglichst ersparen. Er ging von der Aufgabe aus, die Grundsätze für eine verständliche und zuverlässige Umgrenzung der mit jeder neuen Erfindung geschaffenen Rechtssphäre zu entwickeln und den eigentlichen Anspruch des Erfinders zutreffend zu formulieren. Er sagte[1]):

„Dieser Anspruch soll jeden Beteiligten in die Lage versetzen, mit Sicherheit die Tragweite eines erteilten Patentes zu beurteilen, um in seinem Tun denselben entsprechend zu respektieren."

Wirth und Isay bestreiten nun die Möglichkeit einer solchen Abgrenzung der Tragweite des Patentschutzes und übersehen, daß Hartig ganz naturgemäß nur die gegenständliche Tragweite im Sinne gehabt haben kann, wie sie nach dem Gesetz vom Patentamt festgesetzt werden soll. Sie wollen die Abgrenzung der Tragweite überhaupt den Gerichten vorbehalten sehen, für deren technische Befähigung zur sicheren Abgrenzung des Gegenstandes einer Erfindung sie aber den Beweis einfach schuldig bleiben. Aber auch hiervon abgesehen ist doch ganz und gar unerfindlich, weshalb denn erst in dem bekanntlich doch recht umständlichen und langwierigen Zivilprozeß die Richtlinien geschaffen werden sollen, nach denen die Beteiligten ihr Verhalten mit Sicherheit einrichten können. Ein nach jahrelanger Prozeßführung erwirktes rechtskräftiges Urteil wirkt für und gegen die Parteien bzw. deren Rechtsnachfolger (§ 325 ZPO.). Dabei sind Urteile der Rechtskraft nur insoweit fähig, als über den durch Klage oder Widerklage erhobenen Anspruch entschieden ist, und das Urteil ergeht nur auf Grund des im Prozeß selbst vorliegenden Tatbestandes. Von der Schaffung zuverlässiger Richtlinien, nach denen nun auch andere als die Beteiligten ihr Verhalten mit Sicherheit einrichten können, sollte demnach füglich nicht geredet werden In einem irgendwie anders gearteten Streitfalle ist wieder ein neuer Prozeß erforderlich, an dem allenfalls die beiden Rechtsanwälte, keineswegs aber die beteiligten Interessentenkreise und die Gerichte ihre Freude haben werden.

[1]) Studien in der Praxis des Kaiserl. Patentamts, Leipzig 1890, S. 127.

So begegnet man schon auf den ersten Seiten des Buches von Wirth und Isay einer ganz auffälligen Erscheinung, die umsomehr befremden muß, als die beiden Verfasser mit vereinten Kräften anerkennen, daß Hartig nicht nur ein Technologe von anerkannter Bedeutung, sondern durch die Geschlossenheit und strenge Systematik seiner Grundanschauung, durch ihren einheitlichen Aufbau und ihre logische Folgerichtigkeit ganz dazu berufen gewesen war, auf die Entwicklung der Praxis des deutschen Patentamts überragenden Einfluß zu gewinnen[2]).

Eine Unklarheit, die sich durch das ganze Buch hindurchzieht, besteht in der Darstellung, daß Hartig den Gegenstand der Erfindung nach allen Richtungen genau gegen dasjenige abgrenzen wollte, was nicht unter das Patent fallen solle, sowie daß es bei Hartig einen Unterschied zwischen dem Begriff der Erfindung und dem Umfang des Schutzes nicht gegeben habe[3]). Dabei ist Hartig in voller Übereinstimmung mit Geist, Sinn und Zweck der deutschen Patentgesetzgebung darauf ausgegangen, den Gegenstand der Erfindung begrifflich zu erfassen und gegen dasjenige abzugrenzen, was nicht Gegenstand der Erfindung ist. Von einer Gleichsetzung des Begriffs der Erfindung mit dem Umfang des Patentschutzes kann im Gegensatz zu manchem Epigonen bei Hartig keine Rede sein, ja nicht einmal davon, daß er den Unterschied zwischen dem Begriff der Erfindung und dem Erfindungsgegenstande verkannt habe. Auf der anderen Seite sind aber Wirth und Isay diejenigen, welche den Gegenstand der Erfindung und den Erfindungsgedanken gar zu gern miteinander vermengen. Hartig spricht ganz ausdrücklich von der Umgrenzung der Erfindungsobjekte, Patentobjekte, vom Erfindungsgegenstand, Patentgegenstand, u. dgl. Dadurch ist aber schon mit genügender Klarheit zum Ausdruck gekommen, daß Hartig die Tragweite eines erteilten Patentes nur in der Richtung des Objektes verstanden hat, also eine sichere Beurteilung dessen ermöglichen wollte, was Gegenstand der Erfindung oder des Patentes sei.

---

[2]) Der Patentanspruch von Dr. Wirth und Dr. Isay, Berlin 1912, S. 3.

[3]) a. a. O. S. 4.

Daß aber der eigentliche Schutzbereich des Patents mit dem Gegenstande der Erfindung noch nicht nach allen Seiten genau abgegrenzt sein kann, ist so selbstverständlich, daß Wirth und Isay sich alle darauf gerichtete Mühe und der deutschen Patentrechtslehre die damit angerichtete Verwirrung besser erspart haben würden. Um aber überhaupt Boden für ihre Sonderbestrebungen zu gewinnen, mußten die beteiligten Kreise zunächst mit der vielgenannten Antithese vom Gegenstande der Erfindung und Schutzbereich geblendet werden. Da dieses Mittel indessen doch gar zu durchsichtig war und wenigstens auf die Dauer keinen Erfolg bieten konnte, so mußte eine zweite Antithese — Patenterteilung und Auslegung — besonders fruktifiziert werden. Dabei stützte man sich auf die besonders im Nichtigkeitsverfahren erfolgten Aussprüche unseres höchsten Gerichtshofes, wonach die Auslegung der Patente ausschließlich Sache der Gerichte sei, und ging dabei stillschweigend von der Voraussetzung aus, daß Auslegung des Patents und Abgrenzung des Schutzumfanges dasselbe sei. Hierin aber offenbart sich eine weitere Gedankenlosigkeit, über die man sich umsomehr wundern kann, als das Reichsgericht schon im Jahre 1890 ganz klar ausgesprochen hatte, das Patent sei vom Verletzungsprozeßrichter in demjenigen Umfange zum Ausdruck zu bringen, in welchem es nach dem erkennbaren Willen des Patentamts erteilt worden sei, und dieser Willen sei nach den allgemeinen, für die Auslegung von Urkunden geltenden Rechtsgrundsätzen und den Patentansprüchen im Zusammenhalt mit der Patentbeschreibung zu ermitteln[4]). Diese Auffassung des Reichsgerichts steht auch in vollem Einklange mit dem geltenden Patentgesetz, wonach im Anspruch dasjenige anzugeben ist, was als patentfähig unter Schutz gestellt werden soll (§ 20, Abs. 1, S. 5), und die Anmeldung den Gegenstand, der durch das Patent geschützt werden soll, genau bezeichnen muß (§ 20, Abs. 1, S. 3), während die Erfindung im Text der Beschreibung dergestalt zu beschreiben ist, daß danach die Benutzung durch andere Sachverständige möglich erscheint. Hiernach kann es eigentlich doch von vornherein einem Zweifel gar

[4]) RG. vom 15. Dez. 1890; Gareis Bd. 9, S. 260 ff.

nicht unterliegen, daß bei der Patenterteilung schon eine Abgrenzung des Schutzumfanges stattfindet, letztere also nicht ausschließlich Sache der ordentlichen Gerichte sein kann. Vollständig verwirrend ist aber die Darstellung, daß die Abgrenzung des Schutzumfanges erst durch die lediglich den Gerichten zustehende Auslegung des Patents zu erfolgen habe.

Bei der Erteilung des Patents wird in einem mühevollen und zeitraubenden Verfahren nicht nur die vollständige Beschreibung der Erfindung selbst angestrebt, sondern auch der Gegenstand der Erfindung, welcher als patentfähig unter Schutz gestellt werden soll, sorgfältig herausgeschält und in die vom Gesetz selbst vorgeschriebene Form des Patentanspruchs gebracht. Dieser Patentanspruch bildet die Grundlage für die Beantwortung der Frage nach dem Schutzbereich des Patents; er bezeichnet die Grenzen, innerhalb deren das Patent von der dafür allein zuständigen Behörde erteilt worden ist[5]). Also ist der Patentanspruch für die Abgrenzung des Schutzbereichs mindestens doch in bezug auf die gegenständliche Tragweite maßgebend; denn nur in den durch den Patentanspruch bezeichneten Grenzen ist das Patent erteilt worden. Es ist rechtlich nicht zulässig, an die Stelle des im Patentanspruch angegebenen Gegenstandes der Erfindung diese selbst, wie sie im Text der Patentschrift niedergelegt ist, und noch weniger, wie sie sich nachträglich vom Standpunkt der Technik aus darstellt, zu setzen. Der Patentschutz ist nicht eine von selbst eintretende Rechtsfolge der Erfindung als Kausa, sondern erst die gesetzliche Folge der Patenterteilung in den vom Patentamt sorgfältig zu prüfenden und nach pflichtmäßigem Ermessen möglichst unzweideutig abzusteckenden Grenzen der Patentansprüche. Die Beschreibung ist in erster Linie zur Offenbarung der Erfindung bestimmt als unerläßliche Gegenleistung des Patentsuchers an die Gesamtheit dafür, daß ihm der Patentschutz nach Maßgabe der Patentansprüche gewährt wird[6]). Daneben kommt der Text der Patent-

[5]) Vgl. Seligsohn, Patentgesetz, 4. Auflage, S. 128. —.

[6]) Vgl. Reuling, Zeitschrift für gewerbl. Rechtsschutz Bd. 2, S. 131 f.

schrift allerdings für die Auslegung der Patentansprüche in Betracht. Das kann sogar unter Umständen außerordentlich wichtig sein; denn ganz selbstverständlich darf ein Patentanspruch nicht einfach nach seinem Wortlaut ausgelegt werden. Patentnachsuchung und Patenterteilung sind Willenserklärungen. Solche aber sind nach § 133 BGB. nicht nach dem buchstäblichen Sinne, sondern nach dem wirklichen Willen auszulegen. Dieser aber ergibt sich meistens mit genügender Klarheit aus der Beschreibung. Sollte diese nicht ausreichen, so bieten sich als weiteres Mittel zur Auslegung ganz naturgemäß auch die Erteilungsakten dar.

Aus vorstehenden Darlegungen ergibt sich einerseits, daß die oben angegebene Anschauung des Reichsgerichts über den Umfang des Patentschutzes durchaus zutreffend ist, und andererseits auch, daß im Erteilungsverfahren tatsächlich schon eine Abgrenzung des Schutzbereichs in ziemlich erheblichem Maße, nämlich in der Richtung des Gegenstandes der Erfindung oder, wie Schanze[7]) sagt, in bezug auf die gegenständliche Tragweite einschließlich der Äquivalente stattfindet. Wenn daneben seitens der ordentlichen Gerichte noch eine Feststellung akzessorischen Schutzes im Wege der Auslegung erfolgen kann, so berechtigt das auf keinen Fall zu der von Wirth und Isay aufgestellten Behauptung, daß das Patentamt im Erteilungsverfahren jedem Bestreben, welches bestimmende Erklärungen über den Umfang des Schutzes bezweckt, entgegenzutreten habe, oder daß die Abgrenzung des Schutzbereichs ausschließlich Sache der ordentlichen Gerichte sei.

Es ergibt sich also ohne weiteres, wie verkehrt die diesbezüglichen Lehren von Wirth und Isay sind, und es bleibt nur noch zu bewundern übrig, daß sie bisher noch nicht in ihrer ganzen Hohlheit erkannt und gebührend zurückgewiesen sind. Wer das Objekt der Schutzwirkung nicht vom Schutzbereich selbst richtig unterscheidet und kein Verständnis dafür hat, daß eine Abgrenzung des Gegenstandes der Erfindung schon eine recht weitgehende Abgrenzung des Schutzbereichs in sich schließt, hat

---

[7]) Gewerbl. Rechtsschutz und Urheberrecht 1912, S. 199 ff.

keinen Anspruch darauf, mit den aus seinen unklaren Vorstellungen gezogenen Schlußfolgerungen ernst genommen zu werden. Bei alledem ist aber noch zu berücksichtigen, daß die weitverbreitete Anschauung, wonach die Auslegung der Patente lediglich Sache der Gerichte sein soll, keineswegs allgemeine Geltung beanspruchen kann. Das Patentamt kommt gar oft in die Lage, ein Patent auslegen zu müssen, und zwar nicht nur im Nichtigkeits- oder Zurücknahmeverfahren, sondern z. B. auch im Erteilungsverfahren, wenn es sich etwa um die Frage handelt, ob eine spätere Anmeldung gegenüber einem bereits erteilten Patent nach § 3 Abs. 1 den Anspruch auf ein Patent zu begründen vermag. Da kommt das Patentamt doch gar nicht darum herum, zunächst einmal festzustellen, was denn durch das frühere Patent eigentlich unter Schutz gestellt ist. Sodann aber ist ja das Patentamt durch das Gesetz vom 6. Juni 1911 unter gewissen Umständen zur Erteilung von Zwangslizenzen berufen worden. Wie das Patentamt aber die Berechtigung zur Benutzung der Erfindung — insbesondere deren eine Voraussetzung, das Angebot einer angemessenen Vergütung — prüfen soll, ohne sich dabei über den wirklichen Schutzbereich des Patentes im Wege der Auslegung Klarheit zu verschaffen, ist ganz und gar unerfindlich. Selbstverständlich entbehrt eine solche Feststellung der Tragweite des Patents ebenso wie diejenige im Nichtigkeitsverfahren der Rechtskraft, d. h. die etwa in den Entscheidungsgründen enthaltenen Erwägungen über den Schutzumfang sind über das betreffende Verfahren hinaus in keiner Weise bindend[8]). Die Gerichte haben im Einzelfalle in dieser Richtung freie Entscheidung, natürlich aber auch nur innerhalb der durch die Patentansprüche selbst gezogenen Grenzen.

Um wenigstens den Anschein der Berechtigung ihrer Bestrebungen zu erwecken, haben Wirth und Isay sich insbesondere an den vom Reichsgericht in besonderen Fällen anerkannten Teilschutz angeklammert und daraus Material für ihre Irrlehren zu gewinnen versucht. Dabei läuft aber von vornherein die Unklarheit unter, als ob das Patentamt unter der Herrschaft

[8]) Vgl. Schanze, Gewerbl. Rechtsschutz, 1904, S. 62 f.

der Ideen von Hartig den Schutz von Teilerfindungen oder Erfindungsteilen überhaupt verworfen habe. Nicht einmal Hartig hat den Teilschutz für ganz unzulässig erklärt. In seinem Aufsatz „Zur Markscheidekunst der Patentverwaltung" sagt er, daß im besonderen, gerichtlich auszutragenden Streitfalle neue Umstände auftreten können, welche den nach freier Überzeugung entscheidenden Gerichtshof nötigen, auch die Nachbildung eines einzelnen wichtigen Bestandstückes als Ingebrauchnahme der geschützten Erfindung im Sinne von § 35 des Patentgesetzes zu erklären. Damit hat Hartig mindestens doch den Schutz für unvollständige Nachahmungen anerkannt, welche von Wirth und Isay mit Vorliebe unter dem Gesichtspunkt des Teilschutzes behandelt werden. Das Patentamt aber hat in vielen Fällen einen Teilschutz — natürlich nur innerhalb der gesetzlichen Grenzen — ganz ausdrücklich anerkannt, indem es dafür besondere Ansprüche gewährt hat. Wird dem Patentamt ein diesbezügliches Ersuchen nicht gestellt, so ist es zur Gewährung von Teilschutz überhaupt nicht befugt. So wenig das Patentamt in der Lage sein würde, einem noch so verdienstvollen Erfinder ein Patent ohne dessen Antrag zu erteilen, so wenig ist es auch berechtigt, dem Patentsucher ein Patent über seinen Antrag hinaus zu erteilen.

Ein verständiger Anmelder, insbesondere aber ein gewissenhafter Patentanwalt wird im Falle einer Kombinationserfindung prüfen, ob etwa eine Teilerfindung vorliegt, und diese gegebenenfalls im Hauptanspruch erfassen, an den sich die Kombination mit anderen Teilen erst als Unteranspruch anschließt. Liegen mehrere Teilerfindungen vor, so hat sich der Patentsucher zu entscheiden, ob er etwa mehrere besondere Patente ev. auch Zusatzpatente anmelden oder aber sich mit einem einzigen Patent begnügen will. Entschließt er sich zu letzterem, so muß er ebenso wie das Patentamt die Gesetzesvorschrift beachten, daß für jede Erfindung eine besondere Anmeldung erforderlich ist (§ 20, Abs. 1, S. 2), er also außer der Kombination nur eine selbständige Teilerfindung unter Schutz gestellt erhalten kann. Niemals aber darf das Patentamt den Teilschutz nach den

Wünschen von Wirth und Isay gewähren. Soviel Achtung sollte man dem Patentamt doch entgegenbringen, daß man ihm nicht eine offenbare Gesetzesverletzung zumutet.

Wirth und Isay übertreiben einen allerdings vorhandenen Gegensatz zwischen der Auffassung des Patentamts und derjenigen des Reichsgerichts. Dieser ist keineswegs derart, daß er eine gedeihliche Entwicklung des deutschen Patentwesens unmöglich macht[9]). Sobald man die einzelnen Begriffe, wie z. B. Teilschutz und unvollkommene Nachahmung, scharf auseinanderhält und insbesondere nicht Urteilsbegründungen des Reichsgerichts losgelöst von ihrem Tatbestande für Sonderzwecke auszuschlachten versucht, schwindet der Gegensatz zum großen Teil schon dahin. Allerdings hat das Reichsgericht in einem von Wirth und Isay besonders betonten Falle des Teilschutzes gemeint, man dürfe vom Erfinder nicht die Angabe fordern, daß und welche einzelnen Teile er neben der Gesamtkonstruktion für sich patentiert haben wollte, weil das zu den monströsesten Patentansprüchen führen würde. Dabei handelt es sich aber um eine nur in ganz kurzem Auszuge vorliegende Äußerung des Reichsgerichts[10]). Aus einem solchen Auszuge weitergehende Schlüsse zu ziehen, ist sicherlich nicht als wissenschaftliche Art anzusprechen.

Das wohlverstandene Interesse der nationalen Industrie fordert unbedingt, daß in der Verwaltung der Patentrechte von vornherein möglichste Klarheit herrscht, und daß nicht etwa nachträglich durch die monströsesten Klageansprüche Verwirrung und Schrecken in die Werkstätten und Fabriken getragen wird. Besonders kommt dabei doch auch in Betracht, daß der Patentsucher es ja von vornherein in der Hand hat, seine etwa berechtigten Ansprüche der Eigenart des Sonderfalles entsprechend zu formulieren, sowie gegebenenfalls mehrere Patente anzumelden. Will er das nicht, so liegt darin doch eine unzweideutige Beschränkung, für welche die verschiedensten Gründe maßgebend sein können. Vielleicht fürchtet er, daß ein Teil seiner Ansprüche angefochten werden wird, vielleicht legt er auf einen Teil kein besonderes

---

[9]) Vgl. Patentanspruch S. 9.

[10]) Bolze, Praxis des Reichsgerichts, Bd. 9, Nr. 95.

Gewicht, vielleicht rührt dieser gar von einem anderen her, dem er nicht in das Gehege kommen will[11]). Vielleicht aber will der Anmelder lediglich der Kosten wegen von weiteren Patenten absehen. In allen diesen Fällen ist auch nicht der geringste Grund vorhanden, dem Anmelder nachträglich mehr zu gewähren, als er früher gewollt hat. Die Fiktion, daß der Anmelder alles gewollt habe, was in seiner Patentschrift als neu und patentfähig beschrieben ist, scheitert an der einfachen Tatsache, daß er sein Begehren in den Patentansprüchen zum Ausdruck zu bringen und das Patentamt jeden beanspruchten Gegenstand der Erfindung oder Teilerfindung auf Neuheit und Patentwürdigkeit amtlich zu prüfen hat. Oft wird sie aber auch daran scheitern müssen, daß nach dem Gesetz für jede Erfindung eine besondere Anmeldung erforderlich ist. Wenn die patenterteilende Behörde in dieser Richtung den Interessen des Patentsuchers soweit Rechnung trägt, daß sie neben einer selbständigen Teilerfindung auch deren weitere Entwicklung und die Kombination mit anderen Teilen durch besondere Unteransprüche schützt, so kann niemand im Ernst verlangen, daß sie der von ihr erkannten und in ständiger Praxis unentwegt erfüllten Pflicht zuwider nun eine Praxis einschlagen soll, welche nach Ansicht des Reichsgerichts zu den monströsesten Patentansprüchen führen würde.

Wie auch Schanze[12]) schon im einzelnen nachgewiesen hat, ist der Gegensatz zwischen Patentamt und Reichsgericht auch nicht entfernt so groß, wie ihn Wirth und Isay darzustellen für gut befunden haben. Insbesondere ist der Vorwurf unbegründet, daß das Patentamt sich an Zuständigkeit mehr anmaße, als ihm nach Ansicht des Reichsgerichts zukomme. Das Reichsgericht stellt ja die unzweideutigen Erklärungen des Patentamts nicht nur in Bezug auf die gegenständliche Tragweite, sondern zum Teil sogar darüber hinaus als rechtsverbindlich hin, erkennt also dem Patentamt ein Maß von Zuständigkeit zu, von welchem dieses bisher doch nur sehr vorsichtigen Gebrauch gemacht hat.

---

[11]) Vgl. Kohler, Lehrbuch, S. 108.
[12]) Gewerbl. Rechtsschutz, 1912, S. 220ff.

Für den Gegensatz zwischen Patentamt und Reichsgericht bleibt in der Hauptsache nur die Frage des Teilschutzes, welchen das Patentamt auf diesbezüglichen Antrag nur innerhalb der gesetzlichen Grenzen nach pflichtmäßigem Ermessen gewährt, während das Reichsgericht anscheinend einen weitergehenden Standpunkt einnimmt, aber keineswegs jeden Teilschutz anzuerkennen geneigt ist. Für seinen über die Anschauungen des Patentamts hinausgehenden Standpunkt hat sich das Reichsgericht vielleicht durch die in dieser Richtung viel zu weit gehende Lehre Kohlers bestimmen lassen. Wie es aber dessen Lehre von der patentrechtlichen Äquivalenz mit ihren Übertreibungen die Gefolgschaft versagt[13]) hat, als es erkennen mußte, wohin diese Lehre zuletzt führt, so dürfte es auch nicht ausgeschlossen sein, daß ein seitens der Industrie über die Bedeutung des Teilschutzes richtig beratenes Reichsgericht zu der gleichen Auffassung gelangen wird wie das über die Bedürfnisse der nationalen Industrie durch seine eigenen sachverständigen Mitglieder besser unterrichtete Patentamt. Damit aber wäre die von allen Seiten als notwendig anerkannte Harmonie zwischen Reichsgericht und Patentamt erzielt, welche nach Ansicht von Wirth und Isay nur dadurch zu erreichen sein soll, daß das Patentamt sein bisher bewährtes System der Anspruchsformulierung aufgibt.

Zwar sind Wirth und Isay nicht imstande, ein besseres System anzugeben, das hält sie aber nicht ab, das bisherige System zu verwerfen. In ihrer leicht begreiflichen Verlegenheit verlangen sie, daß die patentamtliche Prüfung und Formulierung des Patentanspruchs sich auf den Erfindungstatbestand zu beschränken habe, die Feststellung dessen aber, was über den Erfindungstatbestand geschützt werde, den Gerichten überlassen bleiben soll. Alle Gesichtspunkte, welche mit dem Zweck der Prüfung auf Neuheit und Patentwürdigkeit der Gesamterfindung nicht unmittelbar zusammenhängen, sollen ausgeschieden werden[14]). Der Patentanspruch soll nicht mehr wie bisher mit Rücksicht auf den Schutzbereich des Patents möglichst weit formuliert

[13]) RG. vom 2. März 1912. Bl. 18, S. 159.

[14]) „Der Patentanspruch", S. 16.

werden. Es sollen angeblich auch nicht mehr Dinge im Patentanspruch mit erfaßt werden, von denen der Anmelder selbst noch nicht wisse, ob er sie in Wahrheit erfunden habe oder nicht, bezüglich deren er also nur den Versuch mache, sie durch geeignete Wortwahl mit zu umfassen, ohne Rücksicht darauf, ob sie bereits erfunden sind oder nicht. An diese unklaren Bemerkungen schließen Wirth und Isay die Behauptung, diese Formulierungstechnik habe für den Anmelder den großen Vorzug, daß er sich streng auf dasjenige beschränken könne, was er wirklich erfunden habe, und nicht zu befürchten brauche, sich damit bezüglich des Schutzumfanges irgendetwas zu vergeben.

Der von Hartig begründeten und im Patentamt im Laufe der Zeit weiter ausgebildeten Formulierungstechnik wird also eine andere gegenübergestellt, die vorläufig aber noch arg in Dunkel gehüllt ist. Mit den Worten, daß nicht mehr wie bisher der Anspruch möglichst weit formuliert werden und auch nicht mehr Dinge umfassen soll, von denen der Erfinder selbst nicht sagen kann, ob er sie wirklich erfunden hat, ist jedenfalls noch keine neue Formulierungstechnik gegeben. Wirth und Isay sagen, was der Patentanspruch nicht enthalten oder angeben soll; an jeder positiven Erklärung, wie der Patentanspruch in Zukunft zu fassen ist, fehlt es. Wirth[15]) sagt, daß er kein ausgebildetes neues System der Anspruchsformulierung vorlegen könne, welches die Mängel des bisherigen Systems vermeidet, mit der reichsgerichtlichen Rechtsprechung im Einklang wäre, damit aber auch die Mängel des amerikanischen Systems vermeidet und keine neuen Mängel mit sich bringt. Isay hüllt sich in dieser Hinsicht in vorsichtiges Schweigen. Aus den Angaben von Wirth und Isay muß man mit Schanze[16]) schließen, daß die Formulierung des Patentanspruchs sich auf den — angeblich vom Patentamt allein zu prüfenden — Erfindungstatbestand oder aber gar auf die wirklich erfundene Ausführungsform beschränken soll. Das, was Wirth und Isay als neue Formulierungstechnik ansprechen, soll ja den Anmelder gegen

---

15) „Der Patentanspruch", S. 243.
16) Gewerbl. Rechtsschutz, 1912, S. 221.

Beschränkung und Vernichtung besser gefeit machen und zugleich dem Patentamt die Prüfung erleichtern, indem dieses lediglich die wirklich erfundene Ausführungsform zu prüfen brauche. In der Einleitung zu seinem Vortrage[17]) über den „Patentanspruch in der Praxis des Kaiserl. Patentamts" spricht Wirth von einem System der Formulierung, nach welchem der Patentanspruch eine mehr technische Aufgabe habe, die Erfindung oder den Gegenstand der Erfindung vollständig und genau, dabei aber kurz zu beschreiben, im Gegensatz zu dem System, welches die weitergehende Aufgabe habe, die Grenzen für den sich an die Erfindung anschließenden Schutz festzulegen. Im ersten Falle handele es sich um die Beschreibung eines Tatbestandes, im zweiten um eine Willenserklärung. Bei der im allgemeinen unklaren Ausdrucksweise von Wirth, die ihm aber den gern benutzten Vorteil bietet, dem Gegner Mißverständnisse vorzuhalten, läßt sich nicht mit der erwünschten Sicherheit feststellen, ob das erstgenannte System wirklich dasjenige ist, welches die erwähnten Vorzüge bieten soll. Es ist das aber anzunehmen, da Wirth dieses System zu dem angeblich lückenlosen System Hartigs in Gegensatz bringt und es als das System der ganzen juristischen Welt außerhalb des Patentamts einschließlich eines Teiles der Patentanwälte hinstellt.

Bei diesem System soll sich also die Formulierung des Patentanspruchs auf den Erfindungstatbestand oder die wirklich erfundene Ausführungsform beschränken. Damit soll die Kompetenz des Patentamts gegenüber dem Verletzungsrichter bestimmt abgegrenzt und der Richter der Versuchung überhoben sein, mit seiner Prüfung in die Kompetenz des Patentamts einzugreifen[18]). Der Verletzungsrichter soll das, was das Patentamt im Anspruch als patentfähig formuliert hat, schlankweg respektieren und nicht prüfen, ob der Umfang des Patents nicht etwa geringer ist als der Patentanspruch lautet (sic!). Damit aber haben Wirth und Isay mit vereinten Kräften nur die alte Binsenweisheit[19]) ge-

[17]) „Der Patentanspruch", S. 181 f.
[18]) „Der Patentanspruch", S. 17.
[19]) Vgl. Hartig, Studien, S. 157.

bracht, daß dem Patentinhaber das Recht auf die wirklich erfundene und beschriebene Ausführungsform nicht zu bestreiten ist. Insofern kann man ihnen allerdings zustimmen, daß eine beschränkende Auslegung des Patents durch den Verletzungsrichter unzulässig, die ausdehnende Auslegung aber zulässig sei; denn ganz selbstverständlich darf dem Patentinhaber der Umfang des Schutzbereichs niemals auf weniger als auf die wirklich erfundene Ausführungsform beschränkt werden, und unser Rechtsgefühl erkennt ihm ganz unzweifelhaft mehr zu.

An diesem Ausgangspunkt, den Wirth und Isay erst durch eine von der bisherigen abweichende Formulierungstechnik zu schaffen sich anscheinend berufen fühlen, setzte Hartig schon ein, als er nicht nur eine Materialvertauschung und andere Abmessungen, sondern auch Gestaltsänderungen der einzelnen Bestandteile, Substitution einzelner Mechanismen durch andere in der Technik bekannte Getriebe (Äquivalente) als noch nicht außerhalb der gerechterweise zu ziehenden Grenzen des Patentschutzes bezeichnete [20]). Der tiefgreifende Unterschied zwischen Wirth-Isay einerseits und Hartig andererseits ist der, daß Hartig schon bei der Patenterteilung eine möglichst weitgehende Klarstellung über die gegenständliche Tragweite des Patentschutzes herbeiführen wollte, während Wirth und Isay dabei lediglich die wirklich erfundene Ausführungsform festgestellt, alles andere aber in ein erst unter Mitwirkung von Rechtsanwälten im Zivilprozeß aufzuklärendes Dunkel gehüllt sehen wollen, was naturgemäß zur Rechtsunsicherheit und Prozeßhäufung führen muß, also ganz sicher nicht im Interesse der nationalen Industrie liegen kann. Dem angedeuteten Zweck des Dunkels entspricht es, daß das Patentamt seine Prüfung und die Formulierung des Patentanspruchs auf den Erfindungstatbestand beschränken, in bezug auf den Schutzbereich des Patents aber nur feststellen soll, was von vornherein selbstverständlich ist, nämlich, daß der Patentinhaber auf die von ihm beschriebene und beanspruchte Ausführungsform ein ihm vom Verletzungsrichter nicht zu beanstandendes Recht besitzt. Lediglich diesem Zwecke

[20]) a. a. O. S. 158.

entspricht auch die befremdliche Erscheinung, daß Wirth und Isay nicht wie Schanze[21]), Damme[22]), Tolksdorf[23]) und jeder verständige Technologe die Äquivalente zum Gegenstande der Erfindung rechnen wollen. Auf solche Weise läßt sich natürlich leicht der irreführende Schein erwecken, als ob Wirth und Isay einen grundsätzlichen Unterschied zwischen dem Gegenstande der Erfindung und dem Schutzbereich oder gar die alte Binsenweisheit neu entdeckt hätten, daß der Schutzbereich über den Gegenstand der Erfindung hinausgeht. Die richtig verstandenen Äquivalente gehören ganz selbstverständlich zum Gegenstande der Erfindung, sie gelten als mitpatentiert, sie stellen nur eine Veränderung dieses Gegenstandes, ein auswechselbares Element, eine andere Maske für das nämliche Wesen vor[24]).

Außer den Äquivalenten bedürfen Wirth und Isay insbesondere noch des sogenannten Teilschutzes, um die Notwendigkeit einer neuen Formulierungstechnik nachzuweisen. Dabei setzen sie als ganz und gar selbstverständlich voraus, daß jedenfalls alle selbständigen neuen Erfindungsteile an und für sich schutzberechtigt sein können, während dies für andere Teile nicht ganz so einfach sein soll. Dafür, daß der Patentsucher es trotzdem nicht nötig habe, besondere Ansprüche auf die Teile zu richten, scheinen sie sich einfach auf die Äußerung des Reichsgerichts zu stützen, daß eine entsprechende Forderung zu den monströsesten Patentansprüchen führen könnte. Aber auch davon abgesehen ist die den Folgerungen aus der Anerkennung des Teilschutzes gegebene Grundlage unklar und verwirrend. Das Nähere darüber folgt weiter unten im Zusammenhange, nachdem zunächst einmal die gesetzliche Grundlage des Patentanspruchs eingehend erörtert worden ist. Im übrigen aber würde aus dem Umstande, daß alle selbständigen Erfindungsteile an sich schutzberechtigt sein können, doch nicht ohne weiteres folgen, daß sie tatsächlich mitgeschützt sind. Bei den anderen — also

[21]) Markenschutz und Wettbewerb, Bd. 9, S. 358 f.

[22]) Festgabe an Kohler, 1909, S. 306.

[23]) Zeitschrift für Industrierecht, Bd. 7, S. 14.

[24]) Vergl. Anmerkungen 20 bis 23 und Schanze im Gewerbl. Rechtsschutz, 1912 S. 216.

unselbständigen — Teilen ergibt sich aus dem weisen Ausspruch, daß das nicht so ganz einfach sei, auf keinen Fall die Forderung, deren Schutzberechtigung bei der Patenterteilung in ein erst im Verletzungsprozeß zu beseitigendes Dunkel zu hüllen.

§ 2.

Das geltende Patentgesetz vom 7. April 1891 gibt im § 20 Satz 5 selbst eine Definition des Patentanspruchs. Dort heißt es:

„Am Schlusse der Beschreibung ist dasjenige anzugeben, was als patentfähig unter Schutz gestellt werden soll (Patentanspruch)."

Das erste Reichspatentgesetz enthielt diesen Satz noch nicht, wohl aber die im geltenden Patentgesetz noch vorhandene Bestimmung (§ 20, Satz 3):

„Die Anmeldung muß den Antrag auf Erteilung des Patents enthalten und in dem Antrage den Gegenstand, welcher durch das Patent geschützt werden soll, genau bezeichnen."

Der Wille des Gesetzgebers bei dieser Norm ergibt sich ganz einwandsfrei aus den Motiven[25]) zum ersten Patentgesetz, in denen gesagt ist:

„Um für das weitere Verfahren eine feste Grundlage zu gewähren, soll die Anmeldung in einer bestimmten Antragsformel den Anspruch des Patentsuchers genau feststellen, so daß Patentamt und Beteiligte nicht genötigt werden, aus weitläufigen Beschreibungen den Inhalt dieses Anspruches erst zu ermitteln, ohne damit gleichwohl über dessen wirkliche Tragweite Sicherheit zu erhalten."

Danach hat Dr. Hartig als einzelner die voluntas legis zutreffend erfaßt, was den vereinten Kräften von Wirth und Isay versagt geblieben ist. In erfreulicher Übereinstimmung mit dem Willen des Gesetzgebers hat das Kaiserl. Deutsche Patentamt ebenso wie andere Patentämter einen besonders formulierten Patentanspruch am Schlusse der Beschreibung schon unter der Herrschaft des ersten Reichspatentgesetzes verlangt und auf ihn besonderen Fleiß verwendet. Im geltenden Patentgesetz vom 7. April 1891 ist der besondere Patentanspruch am Schlusse der Beschreibung im Satz 5 von § 20 Abs. 1 nur noch ausdrücklich gesetzgeberisch festgelegt worden. Auch die Sachver-

[25]) Reichstagsdrucksachen 3, I, 1877, Nr. 8, S. 31 f.

ständigen-Enquete von 1886 hatte sich eingehend mit diesem Punkte beschäftigt, und damals waren es nicht nur Techniker oder Industrielle, sondern auch hervorragende Juristen, welche die außerordentliche Bedeutung des Patentanspruchs für eine sichere Feststellung der Tragweite des Patentschutzes erkannt haben. Anknüpfend an den Bericht der VII. Reichstags-kommission[26]), worin es hieß:

„Darüber aber herrschte unter den Mitgliedern der Kommission kein Zweifel, daß der Patentschutz, um wirksam zu sein, dem Patentinhaber ausgiebige Rechte erteilen und zugleich diese Rechte beschränken müsse, wenn und soweit höhere Interessen und früher erworbene Rechte es erfordern",

erklärte Dr. Hartig damals unter allgemeinem Beifall, daß eine große und zugleich sicher begrenzte Tragweite des Patents durch das Hilfsmittel der richtigen Begriffsdefinition, d. h. durch die Auffassung des Patentgegenstandes nach seinem technologischen Begriff erzielt werden könne. Nachdem Dr. Rosenthal[27]) schon den Antrag gestellt hatte, der Patentsucher solle verpflichtet sein, die Erfindung in ihrem wahren Inhalt und ganzen Umfange zu beschreiben und dementsprechend den Anspruch zu formulieren, beantragte Dr. Reuling[28]) sogar noch, statt der letzten sechs Worte zu setzen:

„und dasjenige, wofür der Patentschutz in Anspruch genommen wird, in dem Patentanspruch bzw. in den Patentansprüchen genau zu bezeichnen. Das Patent soll Schutz gewähren nur für die aufgestellten und gewährten Patentansprüche."

Dr. Bolze[29]) stimmte dem Antrage in seinem Grundgedanken zu, meinte aber, er könne zu Mißdeutungen führen. Seine Bedenken faßte er dahin zusammen, daß man auf die logische und formelle Bedeutung der Patentansprüche kein ausschließliches Gewicht legen dürfe, um nicht gerade das zu erzielen, was man ausschließen wolle, nämlich, daß durch die Lücken mangelhaft formulierter Patentansprüche diejenigen Leute eindringen, welche unwesentliche Änderungen vornehmen und damit etwas anderes gebracht zu haben behaupten. Dr. Bolze erklärte dabei:

[26]) Reichstagsdrucksachen 8, 1877, S. 12.
[27]) Stenographische Berichte über die Verhandlung, 1887, S. 142.
[28]) a. a. O., S. 146.
[29]) a. a. O., S. 158.

„Sowohl für die Erteilung des Patents als für den Patentschutz kommen bei einer Vergleichung zweier Erfindungen zunächst die Patentansprüche in Betracht; sobald aber bei der neuen Erfindung oder bei dem, was als Verletzung angesehen wird, eine Abweichung von dem Wesen der patentierten Erfindung nicht vorliegt und in der Ausführung kein gewerblicher Fortschritt sichtbar ist, fällt das zweite Ding unter das erste Patent auch dann, wenn es außerhalb des Rahmens der Patentansprüche fällt[30]).“

Vorher hatte Dr. Bolze[31]) schon ganz unumwunden zugegeben, daß eine technische Behörde besser in der Lage sei, zu entscheiden, ob etwas Erfindung sei oder nicht, als ein Gerichtshof, und Dr. André[32]) hatte anerkannt, daß Hartig dazu befähigt sei, aus der Formulierung der Ansprüche gewissermaßen eine Wissenschaft zu machen, sowie daß die großen Irrtümer in Amerika vielleicht durch die Art und Weise, wie wir die Sache behandeln, gehoben werden könnten.

Dr. Reuling, dem damit die Sachlage genügend geklärt erschien, zog seinen Unterantrag zurück, bemerkte aber zu den Ausführungen von Dr. Bolze noch, daß im Fall der Patentverletzung die Patentansprüche immer so weit wie möglich, im Nichtigkeitsverfahren aber so eng wie möglich ausgelegt würden. Eine feste Basis sei daher nur dadurch zu gewinnen, daß in den Patentansprüchen ganz genau präzisiert werde, was geschützt sei. Dasjenige, was Dr. Bolze erwähnt habe, liege auf einem ganz anderen Gebiet. Die Rechtsprechung des Reichsgerichts halte scheinbar die Patentansprüche und die Grenzen des Schutzes nicht genügend auseinander. Bei einer richtigen Auslegung des Patentanspruchs komme man natürlich doch immer dahin, eine Patentverletzung auch da anzuerkennen, wo eine unwesentliche Abweichung von dem geschützten Gegenstande stattgefunden habe[33]).

---

[30]) Dr. Bolze fügte noch wörtlich hinzu: „Sobald dies wiederholt ausgesprochen wird, und sobald sich die Praxis diesem Wege zuneigt, werden wir erreichen, daß wir uns in der Rechtsprechung und in der Erteilung der Patente nicht mehr auf eine bloße Auslegung der Patentansprüche beschränkt sehen, sondern daß wir neben den Ansprüchen auch das Wesen der Erfindung in Betracht ziehen, und das scheint mir für das Patentwesen von großer Wichtigkeit zu sein.“

[31]) Stenographische Berichte, 1887, S. 146.

[32]) a. a. O., S. 150.

[33]) a. a. O., S. 158.

In unmittelbarem Anschluß an die Ausführungen von Dr. Reuling[34]) betonte Hartig, es sei gar nicht durchführbar, daß die Erfindung nicht allein dem Inhalte, sondern auch dem ganzen Umfange ihres Begriffs nach beschrieben und dargestellt werden solle. Es würde genügen, wenn mittels einer Ausführungsform der Nachweis geführt werde, daß die Erfindung ihre volle Ausgestaltung und Verwirklichung erfahren habe. Dem Patentsucher müsse aber ein Anspruch zugebilligt werden, der die wichtigen aus dem Wesen der Sache, aus der Wirkungsweise der Maschine entnommenen Merkmale in einer unzweideutigen Formulierung zusammenfaßt. Bei dieser Gelegenheit sagte Hartig noch, daß alle Abänderungen, die nicht die als wesentlich bezeichneten Merkmale des Erfindungsbegriffs, sondern nur die konstruktive Ausführung betreffen, zulässig seien. Unter letzterer verstand Hartig bei seiner hohen Meinung vom deutschen Konstrukteur bekanntlich sehr viel mehr, als man sich jetzt im allgemeinen darunter denkt. Hartig betonte auch noch, daß der Erfinder durch das Hilfsmittel der Zusatzpatente beliebig viele Ausführungsformen nachliefern und dadurch das Hereindringen etwaiger Wettbewerber verhindern könne.

Die Enquete-Kommission[35]) selbst hat eine gesetzliche Bestimmung über die Forderung, die Erfindung ihrem wahren begrifflichen Inhalt nach und in mindestens einer Ausführungsform vollständig zu beschreiben, für entbehrlich gehalten, aber betont:

„Daß die Forderung von § 20 des Gesetzes im Sinne der Umschreibung von Dr. Hartig erfüllt werde, ist nicht sowohl durch die Aufnahme derselben in das Gesetz zu erreichen als dadurch, daß in der Praxis des Patentamts mit Sorgfalt darauf gehalten wird."

[34]) Dieser hatte auch noch hinzugefügt:

„Damit kommen wir auf die englische Äquivalententheorie. Aber diese ist etwas ganz anderes, als daß über das in den Patentansprüchen wirklich geschützte Gebiet nun mehr oder weniger das geschützt sein soll, was möglicherweise hätte geschützt werden können, was mehr oder weniger vielleicht auch nur Sache der bloßen Erfindungsidee ist. Man findet in der Patentbeschreibung nachher manches, was man ebenfalls als geschützt ansehen will, während es außerhalb des claims liegt. In dieser Beziehung glaube ich durch meine Ausführungen genügend erreicht zu haben, was ich zu erreichen wünschte."

[35]) Bericht der Enquete-Kommission zur Revision des Patentgesetzes, 1887, S. 14 u. 15.

Demgemäß hatte der am 17. März 1890 erschienene Entwurf des zweiten Reichspatentgesetzes den § 20 unverändert gelassen, aber die XI. Reichstagskommission, nach deren Vorschlägen das Gesetz angenommen wurde, war doch der Ansicht, daß die durch Satz 5 dieses Paragraphen eingefügte Norm dem Richter die Beurteilung der Tragweite eines Patents wesentlich erleichtern werde[36]).

Bei dieser so überaus einfachen Sachlage kann es eigentlich doch von vornherein gar keinem Zweifel unterliegen, daß der im Gesetz selbst auch zutreffend zum Ausdruck gelangte Wille des Gesetzgebers oder die voluntas legis vollbegründeten Anspruch darauf hat, respektiert zu werden, und jeder Versuch, davon abzuweichen, a limine zurückzuweisen ist. Der Satz 5 des § 20: „Am Schlusse der Beschreibung ist dasjenige anzugeben, was als patentfähig unter Schutz gestellt werden soll (Patentanspruch)" ist ebenso einfach und klar wie der Satz 3, der da lautet: „Die Anmeldung muß den Antrag auf Erteilung des Patents enthalten und in dem Antrage den Gegenstand, welcher durch das Patent geschützt werden soll, genau bezeichnen." Diese schon im ersten Reichspatentgesetz enthaltene Norm kann nach ihrem klaren Wortlaut und in Übereinstimmung mit § 4 des Patentgesetzes, der als Objekt der Schutzwirkung den Gegenstand der Erfindung bezeichnet, nur dahin verstanden werden, daß ohne diesbezüglichen Antrag kein Patentschutz gewährt werden darf, und daß der Antrag auf Erteilung die genaue Bezeichnung dessen enthalten muß, was als patentfähig unter Schutz gestellt werden soll.

Im Sinne der patentamtlichen Bestimmungen vom 11. Juli 1877 ist der Antrag auf Patenterteilung zu einem besonderen Schriftstück geworden, welches allerdings nur noch eine kurze Bezeichnung als die für die Veröffentlichung geeignete Benennung der Erfindung zu enthalten pflegt. Damit ist aber die gesetzliche Forderung des § 20, daß in dem Antrage der Gegenstand, welcher durch das Patent geschützt werden soll, genau zu bezeichnen ist, keineswegs erledigt. Diese verlangt doch eine

[36]) a. a. O., S. 23.

genaue Bezeichnung des Schutzgegenstandes. Zwischen dem im Satz 3 von § 20 erwähnten Antrage und dem am Schluß der Beschreibung anzugebenden Patentanspruch einen Gegensatz dahin zu konstruieren, daß der Antrag auf Patenterteilung einer genauen Angabe des Schutzgegenstandes entbehren dürfte, ist schon deshalb verfehlt, weil ja in dem Antrage auf die Anlage mit der betreffenden Angabe Bezug genommen wird, letztere also als Teil des *Antrages* zu gelten hat. Andernfalls würde ja die gesetzliche Anforderung, daß in dem auf die Patenterteilung gerichteten Antrage der durch das Patent zu schützende Gegenstand genau zu bezeichnen ist, gar nicht erfüllt sein. Eine genaue Angabe des Gegenstandes, der durch das Patent geschützt werden soll, setzt doch die Angabe dessen voraus, was als patentfähig unter Schutz gestellt werden soll. Nach der ganz unzweideutigen Angabe des Gesetzes geschieht das aber im *Patentanspruch*. Es würde doch eine grobe Pflichtverletzung auf seiten des Patentamts sein, wenn es von der ganz klaren Forderung des Gesetzes absehen wollte. Man muß also von vornherein schon annehmen, daß der in der Anlage enthaltene Patentanspruch als im Antrage auf Patenterteilung mit enthalten zu behandeln ist. Aber solches ergibt sich nicht nur aus der Praxis des Patentamts selbst, sondern hat auch in den patentamtlichen Bestimmungen vom 11. Juli 1877 Ausdruck gefunden, nach welchen die Anmeldung nachstehende Angaben enthalten sollte:

a) eine kurze aber genaue Bezeichnung dessen, was den Gegenstand der Erfindung bildet. Aus der Bezeichnung soll sich mit Sicherheit der Patentanspruch, d. h. dasjenige ergeben, was der Patentsucher als neu und patentfähig ansieht;

b) den Antrag, daß für den so bezeichneten Gegenstand der Erfindung ein Patent erteilt werden möge .... usw.

Hiermit hatte das Patentamt mit den Angaben über die sonstigen Erfordernisse auch noch einen Teil der gesetzlichen Erfordernisse der Anmeldung nach § 20, Abs. 1, zum Ausdruck gebracht, was um so eher verständlich erscheinen muß, als ja das erste Reichspatentgesetz den Patentanspruch nicht ausdrücklich genannt hatte. In seiner Bekanntmachung vom 22. November 1898 hat das Patentamt auf Grund von § 20, Abs. 2, neue Bestimmungen erlassen, deren § 1 lautet:

„Die Anmeldung einer Erfindung behufs Erteilung eines Patents geschieht in der Form eines schriftlichen Gesuchs, dem die sonst erforderlichen Stücke als Anlagen beizufügen sind."

Nach § 2 der Bestimmungen muß das Gesuch enthalten:

a) die Angabe des Namens . . . . .;
b) eine für die Veröffentlichung (§ 23, Abs. 2) geeignete Benennung der Erfindung;
c) die Erklärung, daß für die Erfindung ein Patent nachgesucht werde.
u. s. w.

Hier ist also von den in § 20, Satz 3, enthaltenen Forderungen nur noch insofern die Rede, als das schriftliche Gesuch die Erklärung enthalten soll, daß für die Erfindung ein Patent nachgesucht werde. Alles andere ist in die im Gesuch selbst aufzuführenden Anlagen verwiesen worden. Damit erscheint das Gesuch einschließlich der Unterlagen als Antrag auf Patenterteilung, und so ist denn der gesetzlichen Forderung von § 20, Satz 3, Genüge geschehen.

Unabhängig von dieser Forderung hat das Patentamt noch bestimmt, daß das Gesuch die für die Veröffentlichung im Reichsanzeiger geeignete Benennung der Erfindung enthalten solle. Diese kann also keineswegs die im Gesetz selbst ausdrücklich verlangte genaue Bezeichnung des Gegenstandes, der durch das Patent geschützt werden soll, ersetzen. Diese genaue Bezeichnung ist vielmehr der Patentanspruch als Angabe dessen, was als patentfähig unter Schutz gestellt werden soll. Will man aber durchaus einen Gegensatz zwischen Satz 3 und Satz 5 von § 20 anerkennen, so kann es sinngemäß doch nur der sein, daß die genaue Bezeichnung des Gegenstandes, welcher durch das Patentamt geschützt werden soll, in der Beschreibung zu erfolgen hat, an deren Schluß aber der Patentanspruch anzugeben ist. Die Beschreibung nebst Patentanspruch ist ein notwendiges Erfordernis des Patentgesuchs. Zeichnungen können unter Umständen fehlen, niemals aber die Beschreibung und der am Schluß derselben anzugebende Patentanspruch, welche eben unerläßliche Bestandteile der Anmeldung oder mit anderen Worten des Antrages auf Patenterteilung bilden. Ein Gesuch, welches über die Erfindung selbst nicht mehr enthalten würde als eine für die Veröffentlichung im Reichsanzeiger geeignete Benennung, würde trotz einer Erklärung, daß für die so bezeichnete Erfindung ein Patent nachgesucht werde, niemals als Antrag auf Erteilung des Patents gelten, also auch nicht zur Patentierung führen können.

Nur weil diese an sich ganz klaren Verhältnisse nicht richtig gewürdigt worden sind, hat mit der Zeit eine weitreichende Verwirrung Platz greifen können. Zunächst hat man an die Stelle der im § 20, Satz 3, geforderten genauen Bezeichnung des Schutzgegenstandes die Titelbezeichnung der Erfindung gesetzt. Dabei hat man stillschweigend das eigentliche Gesuch ohne die nach dem Gesetz unerläßliche Beschreibung nebst Anspruch als Antrag im Sinne von § 20, Satz 3, behandelt und behauptet, daß dieser Antrag nur die Benennung der Erfindung zu enthalten brauche, was aber ganz offenbar contra legem ist. Ein Unterschied zwischen demjenigen, was als patentfähig unter Schutz gestellt, und dem Gegenstande, der durch das Patent geschützt werden soll, ist weder sprachlich noch logisch vorhanden. Isay[37]) hat behauptet, der Gegenstand, der durch das Patent geschützt werden soll, sei nicht der Gegenstand der Erfindung im Sinne von § 4, sondern die Erfindung selbst. Dem widerspricht aber die unzweideutige Fassung von § 4, welcher als Wirkung des Patents angibt, daß der Patentinhaber ausschließlich befugt ist, gewerbsmäßig den Gegenstand der Erfindung herzustellen, in Verkehr zu bringen, feilzuhalten oder zu gebrauchen. Unter Schutz gestellt werden soll nach der klaren Fassung wie auch nach Sinn und Zweck

[37]) Patentgesetz, 2. Auflage, S. 357.

des deutschen Patentgesetzes der Gegenstand der Erfindung. Nach den Grundsätzen der manchmal zwar gern erwähnten, aber weniger gern beachteten Logik hat demnach der Patentanspruch den Gegenstand der Erfindung anzugeben, und dieser wird Gegenstand des Patents.

Zwar werden nach § 1 des Patentgesetzes die Patente erteilt für neue Erfindungen, und nach § 3, Abs. 1, hat den Anspruch auf das Patent, wer die Erfindung zuerst nach Maßgabe des Gesetzes angemeldet hat. In scharfem Gegensatz hierzu wird aber im § 4 bei der Schutzwirkung nicht schlechthin von der Erfindung, sondern vom Gegenstande der Erfindung gesprochen. In durchaus entsprechender Weise handelt § 20 zuerst von der Anmeldung der Erfindung, bestimmt aber dann ganz unzweideutig, daß die Anmeldung den Gegenstand, welcher durch das Patent geschützt werden soll, genau bezeichnen muß, und daß am Schlusse der Beschreibung dasjenige anzugeben ist, was als patentfähig unter Schutz gestellt werden soll. Danach kann also gar kein Zweifel darüber bestehen, daß der Gegenstand, welcher durch das Patent geschützt werden soll, und ebenso dasjenige, was als patentfähig unter Schutz zu stellen ist, nur der Gegenstand der Erfindung, nicht die Erfindung selbst sein kann.

Das klingt fast so, als ob es sich nur um Wortklauberei handele, ist aber in der Tat von ganz außerordentlicher Tragweite und für das Interesse der nationalen Industrie von ausschlaggebender Bedeutung. Hier ist gerade der Punkt, von wo aus die „moderne" Rechtsentwicklung irregegangen ist. Man glaubt, durch ein deutsches Reichspatent die Erfindung selbst schützen zu sollen, und hat sich dabei immer mehr von dem gesunden Geist der deutschen Patentgesetzgebung und dem natürlichen Boden, dem sie entsprossen ist, entfernt. Dieser Boden, dem der Patentschutz im Laufe der Jahrzehnte sehr zum Schaden seines tieferen Verständnisses mehr und mehr entfremdet wurde, ist die Volkswirtschaft[38]).

---

[38]) Vergl. Damme, Der Schutz technischer Erfindungen, 1910, Vorwort S. VI.

§ 3.

Die Erfindung selbst ist abstrakt; greifbar dagegen und daher als Rechtsobjekt in der Praxis verwendbar ist der Gegenstand der Erfindung, d. h. der Gegenstand, in dem sich die Erfindung äußert oder verkörpert. Das ist nun keineswegs etwa nur das körperliche Substrat der Erfindung, sondern die vom Erfinder gegebene Durchführungsform mit allen gleichwertigen Ausführungsformen, aber wohlverstanden auch nur mit solchen. Nur weil man dies nicht beachtet und überhaupt verkannt hat, daß der Gegenstand der Erfindung eine sehr viel weitergehende Bedeutung hat als die vom Patentsucher dargelegte Durchführungsform, konnte man im Laufe der Zeit zu dem folgenschweren Irrtum kommen, daß die Erfindung oder der Erfindungsgedanke durch das Patent geschützt werden sollte.

Frei von diesem Irrtum war aber gerade der in neuerer Zeit sogar von Kohler verkannte Dr. Hartig, der dem von Wirth-Isay gegebenen Zerrbilde keineswegs entspricht, wie sich z. T. schon oben (S. 21) gezeigt hat, und wie auch seiner für alle Zeiten grundlegenden Schrift „Studien in der Praxis des deutschen Patentamts" zu entnehmen ist, wenn man sie ohne Voreingenommenheit studiert.

Dazu ist allerdings mehr erforderlich als zum gemeinsamen Herausgeben eines Buches mit dem durchsichtigen Zweck, einander gegenseitig als Leuchte der Patentrechtswissenschaft hinzustellen und so auf die Massen zu wirken. Sobald man nicht mehr die Mühe scheut, Hartig so zu studieren, wie er es verdient, wird auch der rechte Gewinn nicht ausbleiben, und man wird sich der Erkenntnis nicht verschließen können, daß uns dieser echt deutsche Ideologe mit reichen Schätzen seines Geistes beschenkt hat. Wem aber die philosophische Durchbildung fehlt, der möge sich mit anderen Dingen, aber nicht mit Immaterialgütern befassen. Philosophie, Technologie und Rechtswissenschaft sind keine Spielwerke, sondern Geistesmächte, welche die höchste Anspannung des Geistes erfordern und sich nur bei solcher fruchtbringend erweisen[39])

---

[39]) Vgl. hierzu Kohler, Lehrbuch, 1908, S. 14/15, ferner Kohler im Gewerbl. Rechtsschutz, 1912, S. 173. —

Zu der Verwirrung über die Anschauungen von Hartig hat außer dem Umstande, daß viele ihn nicht verstanden haben und mangels technologischer oder philosophischer Durchbildung auch gar nicht verstehen konnten, das Übermaß[40]) drastischer Lebhaftigkeit von Dr. Wirth beigetragen, der in Hartig das Mitglied des Patentamts sah und ihn daher mit derselben Voreingenommenheit behandelt hat, die er gegen das Kaiserl. Patentamt zum Ausdruck zu bringen gewohnt ist[41]). Schanze hat schon betont, daß Wirth wie gegen das Patentamt, so auch gegen Hartig zu Unrecht polemisiert, wenn er behauptet, dieser habe das Prinzip der Lückenlosigkeit für die Anspruchsformulierung aufgestellt, in dessen System nicht einmal der Begriff der patentrechtlichen Äquivalenz eine Stelle habe. Schanze bemerkte auch[42]), Dr. Wirth übersehe, daß sich Hartig in seinen „Studien" so gut wie ausschließlich mit dem Patentgegenstande und nicht mit den akzessorischen Gegenständen des Patentschutzes befasse, wobei Hartig übrigens auch der Äquivalenz Beachtung geschenkt habe. Tatsächlich sagt Hartig[43]):

„Sucht man die Grenzen zu ziehen, innerhalb deren von einem dem Erfinder zustehenden Rechte gesprochen werden kann, so ergibt sich zunächst, daß ein Anspruch, welcher auf die sichtbare, greifbare, durch Modell und Zeichnung darstellbare besondere Körperverbindung, also auf die „Gesamtanordnung der Maschine" in räumlich formalem Sinne gerichtet ist, als zu eng sich erweist; sicher ist nur, daß das Recht, diese besondere Gesamtanordnung als ein Ganzes aufgefaßt, auszuführen, dem Erfinder jedenfalls zugesprochen werden muß, natürlich „ohne jemand in der Benutzung bekannter Teile zu beschränken", wie die bekannte preußische Formel lautete. Aber unser Rechtsgefühl erkennt ihm mehr zu."

Zunächst spricht Hartig dann von der Materialvertauschung und der Änderung von Größenverhältnissen, fährt dann aber wörtlich fort:

„Ja auch Gestaltsänderungen der einzelnen Bestandteile, Substitution einzelner Mechanismen durch andere in der Technik bekannte Getriebe (der sogenannten Äquivalente in der Sprache des amerikanischen Patentwesens)

---

[40]) Vgl. Kohler in der Zeitschrift für gewerbl. Rechtsschutz 1893 S. 316, Spalte 2 Anm. 1. —

[41]) Vgl. Schanze im Gewerbl. Rechtsschutz, 1912, S. 220. —

[42]) a. a. O. S. 221. —

[43]) Studien, S. 157. —

würden uns noch nicht außerhalb der gerechterweise zu ziehenden Grenzen des Erfindungseigentums versetzen.".

An anderer Stelle [44]) sagt Hartig noch:

Soll die Nachbildung z. B. eines neuen körperlichen Gebildes nur dann strafbar sein, wenn sie bis in den letzten Bestandteil getreu ist? Dann wäre das gewährte Recht nur von eingebildeter Art. Oder soll der gewerbliche Verfertiger eines ähnlichen Gebildes erst bei einem gewissen Grade von Annäherung an den unter Schutz gestellten Gegenstand zur Rechenschaft gezogen werden können? Dann regt sich der Zweifel, wie dieser Grad zu bemessen sein wird!"

Einen sogar sehr weitgehenden Standpunkt findet man bei Hartig [45]) anläßlich der sogenannten Verbesserungspatente; denn er sagt, daß die den gleichen Arbeitsprozeß verwirklichende, aber in den Mechanismen abweichende Gesamtanordnung einer Arbeitsmaschine zwanglos als Anspruch figurieren könne, weil solche nur eine anderweitige Gestaltung, technische Durchführung desselben neuen Geschehens darstelle, auf welche nach unserm Rechtsgefühl der zugesicherte Rechtsschutz überstrahle wie über alle technisch möglichen Gestaltungen gleicher Art.

Wirths Bezeichnung der von Hartig begründeten Anspruchsformulierung als Theorie des lückenlosen Anspruchs bzw. eines Systems, welches die Aufgabe habe, die Grenzen des sich an die Erfindung anschließenden Schutzes lückenlos festzulegen, erweist sich demnach als Unterstellung eines falschen Tatbestandes für seine Angriffe gegen Hartig. Im übrigen aber sollte Wirth doch bei Hartig berücksichtigen, daß dieser nicht Jurist war, eine Rücksicht, welche man ja auch bei Wirth nehmen muß.

Unzutreffend ist auch eine andere Behauptung Wirths [46]), nämlich die, daß Hartig in seiner logischen Anspruchsformel alle wesentlichen Merkmale, neue und alte, ausgedrückt verlange. Hartig [47]) sagt ganz ausdrücklich, um den Gegenstand einer neuen Erfindung fehlerfrei definieren zu können,

---

[44]) a. a. O. S. 125.
[45]) a. a. O. S. 165.
[46]) „Der Patentanspruch", S. 182 und 190.
[47]) Studien, S. 213.

sei nicht mehr erforderlich, als daß der Erfinder sich darüber entscheide, welchem Gattungsbegriffe seine Erfindung untergeordnet werden solle, und daß er sich darüber klar werde, welche bestimmenden Merkmale als neu und notwendig zugleich zu erachten seien. Dabei habe der Erfinder in der Wahl des dem Gattungsbegriff zukommenden Allgemeinheitsgrades und in der für ihn unter allen Umständen vorteilhaften Beschränkung in der Anzahl der bestimmenden Merkmale Spielraum genug, um die nach den Umständen möglichst große Tragweite des gewünschten Schutzes zu erlangen, ohne dabei die Unzweideutigkeit der Formulierung zu gefährden. Kurz vorher hatte Hartig betont, daß die logisch fehlerfreie Definition die angemessene Form sei, durch welche die unter Schutz zu stellenden Erfindungsgegenstände gegeneinander wie gegen das Gebiet des schon Bekannten unzweideutig abgegrenzt werden können. Die Patentschrift und der ihren Inhalt zusammenfassende Patentanspruch sollen alle möglichen Zweifel über den in Zukunft vielleicht schwankenden Begriff des Patentgegenstandes, über dessen Inhalt und Umfang zerstreuen, so daß überhaupt die künftige Behandlung der Rechtsbeziehungen eines erteilten Patents einen Sinn gewinne und mit völliger Sicherheit möglich werde[48]).

Prüft man dieses alles ohne Voreingenommenheit, so kommt man bei philosophisch-kritischer wie bei juristisch-kritischer Betrachtung zu dem wenig erfreulichen Ergebnis, daß Wirth zunächst ein Zerrbild von Hartigs System geschaffen hat, um mit dessen Behandlung angeblich Unzulässiges und Irreführendes nachzuweisen. Ein solcher Nachweis ist aber von vornherein wertlos. Jedenfalls ist auch ein solches Vorgehen nicht als unauslöschliches Verdienst Wirths zu bezeichnen, wie tatsächlich geschehen[49]). Insbesondere ist es aber durchaus unwissenschaftlich, immer und immer wieder zu ignorieren,

[48]) Studien, S. 212.

[49]) Vgl. Kohler im Gewerbl. Rechtsschutz, 1912, S. 164. — Kohler meint, die einseitige Schärfe dieses Vorgehens sei allerdings nicht frei von Übertreibung, aber verzeihlich gegenüber der doktrinären Art, in welcher Hartig seine Lehren vorgetragen habe.

daß Hartig ganz korrekt im Sinne des Patentgesetzes vom Gegenstande der Erfindung ausgegangen ist, also den gegenständlichen Inhalt und Umfang des Patentschutzes für sein System im Auge gehabt hat, worauf ja schon Schanze[50]) besonders hingewiesen hat. Gewiß war Hartigs System nicht von vornherein vollkommen und in jedem Punkte einwandsfrei. Wer das von einer jungen Lehre verlangt, fordert etwas Unmögliches. Wohl aber hat Hartig mit unermüdlichem Fleiß sowie mit Einsicht und Geschick die Bausteine ausgesucht und behauen, aus denen sich längst ein treffliches System hätte aufrichten und durchbilden lassen, wenn nicht mit dem Unverstande vieler noch mancher Wunsch, zu billiger Berühmtheit zu gelangen, in Wettbewerb getreten wäre. Wohin das aber geführt hat, lehrt eine Umschau in der modernen Patentrechtslehre mit all ihrer Unsicherheit, Zerfahrenheit und vielen nichtsnutzigen Streitfragen, wie auch ein Umhören in der nationalen Industrie mit ihrer Rechtsunsicherheit und Prozeßhäufung.

Fast möchte man sagen, daß die Patentrechtslehre seit Hartigs Zeiten noch keinen Schritt vorwärts, wohl aber manchen Schritt rückwärts getan hat; dabei ist aber zu bedenken, daß Hartig leider des Rüstzeuges der Jurisprudenz entbehrte und den Patentschutz so gut wie ausschließlich vom Standpunkt des Logikers und Technologen betrachtet und behandelt hat. Zu einer gedeihlichen Entwicklung der deutschen Patentrechtslehre ist aber eine harmonische Verbindung von Jurisprudenz, Technologie und Logik unerläßliche Voraussetzung. Wie bei den modernen Patentrechtsanwälten der Rechtsstandpunkt, so überwog bei Hartig der Standpunkt des Technologen und Logikers zum Nachteil der gesunden Weiterbildung des Patentwesens im wohlverstandenen Interesse der nationalen Volkswirtschaft.

Hartig erkannte in gewissem Grade wenigstens die Bedeutung der rechtlichen Seite des Patentschutzes an. Bei den Verhandlungen der Sachverständigen-Enquete 1886 betonte[51]) er z. B. bei der Frage der Abhängigkeit, daß diese offenbar zwei

[50]) Gewerbl. Rechtsschutz, 1912, S. 221.
[51]) Stenographische Berichte, 1887, S. 88.

Teile habe, einen logischen und einen rechtlichen, von denen der rechtliche aber auf vorhergehende technische und logische Feststellungen aufzubauen sei. Im Zusammenhang hiermit steht auch seine Grundanschauung[52]), daß der Technologie ganz naturgemäß die Aufgabe zufalle, die Grundsätze für eine verständliche und zuverlässige Umgrenzung der mit jeder neuen Erfindung geschaffenen Rechtssphäre zu entwickeln, den eigentlichen Anspruch des Erfinders zutreffend zu formulieren. In seinem Aufsatz[53]) „Zur Markscheidekunst der Patentverwaltung" betont er ganz ausdrücklich, daß das Patentamt den Anforderungen der Wirklichkeit nicht bis in die letzten Einzelheiten zu entsprechen vermöge, und daß dieses gerade die Aufgabe der Gerichtshöfe sei, mit welcher sich das Patentamt nach der Art der ihm zugeteilten Aufgabe nicht befassen könne.

Mit einem bei Technikern nicht leicht anzutreffenden Verständnis erklärte Hartig auch den Widerspruch zwischen patentamtlicher und reichsgerichtlicher Auffassung über den Teilschutz damit, daß die gerichtliche Auslegung der rechtlichen Tragweite des Patents ein konkreteres Tun sei als die bei Erteilung eines solchen erforderliche technologische Umgrenzung. Erstere habe alle Besonderheiten des Einzelfalles zu prüfen und zu würdigen, letztere aber nur auf die technologischen Erkenntnisse zu achten, die bei der Verwaltung zahlloser Schutzgebiete sich von selbst ergeben, und darauf, daß sie mit diesen und den Vorschriften des Patentgesetzes nicht in Widerspruch geraten. Im besonderen Streitfalle, der gerichtlich auszutragen sei, könnten neue Umstände hinzutreten, welche die nach freier Überzeugung entscheidenden Gerichte nötigen, auch die Nachahmung eines einzelnen wichtigen Bestandstückes als eine Ingebrauchnahme der geschützten Erfindung im Sinne von § 35 des Patentgesetzes zu erklären. Im unmittelbaren Zusammenhange mit seiner oben angegebenen, in schroffstem Gegensatz zu dem von Wirth-Isay künstlich erzeugten Zerrbilde stehenden Grundanschauung stellte Hartig den Satz auf, daß der den

[52]) Studien, S. 127.

[53]) Zivilingenieur, Bd. 42, Heft 6.

eigentlichen Anspruch des Erfinders enthaltende, am Schlusse der Beschreibung zu formulierende Patentanspruch jeden Beteiligten in die Lage versetzen solle, mit Sicherheit die Tragweite eines erteilten Patents zu beurteilen, um in seinem Tun den Anspruch entsprechend zu respektieren[54]). Das ist gewiß ein höchst erstrebenswertes Ziel; aber der Eingeweihte weiß ganz genau, daß überall da, wo die Gerichte das letzte Wort zu sprechen haben, von absoluter Sicherheit besser nicht erst geredet wird.

Man kann schon recht zufrieden sein, wenn dem Patentanspruch nur mit annähernder Sicherheit zu entnehmen ist, was man zu lassen hat. Zumal im Falle des Patentschutzes, wo der Richter nicht einmal aus eigener Kraft und Weisheit, sondern erst mittels des fragwürdigen Sachverständigeninstituts zur Endentscheidung befähigt ist, sollte daher kein verständiger Mensch von einem lückenlosen System der Schutzumgrenzung oder von einer Theorie des lückenlosen Anspruchs sprechen, selbst wenn Hartig sich in dieser Beziehung trügerischen Hoffnungen hingegeben haben sollte, wozu er als echter deutscher Ideologe mit überstark logischen Gehirnnerven[55]) leicht neigen konnte. Durchaus verwerflich ist aber die Bezeichnung von Hartigs System der Anspruchsformulierung als Theorie des lückenlosen Anspruchs im Hinblick auf den von Schanze[56]) schon hervorgehobenen Umstand, daß Hartig sich so gut wie ausschließlich mit der gegenständlichen Tragweite des Patents befaßt hat.

Hiermit kommt man zu dem Ausgangspunkt der Zwischenbetrachtungen zurück, nämlich, daß der Gegenstand der Erfindung, welcher als patentfähig unter Schutz gestellt werden soll, im Patentanspruch angegeben werden muß. Das ist so überaus einfach, daß man darüber staunen muß, wie es einigen Rechts- und Patentanwälten gelingen konnte, eine kaum glaubliche Verwirrung über das Wesen und die Bedeutung des Patentanspruchs anzurichten. Besonders scharf ist diese Verwirrung nach der

[54]) Studien, S. 127.
[55]) Vgl. Kohler im Gewerbl. Rechtsschutz, 1912, S. 173.
[56]) Gewerbl. Rechtsschutz, 1912, S. 221; vgl. auch S. 209ff.

vielgenannten Entscheidung[57]) des Reichsgerichts vom 9. Februar 1910 hervorgetreten, welche nach Isay fast allgemein als Markstein in der Rechtsprechung empfunden sein soll[58]). In dieser Entscheidung ist gesagt worden:

„Der Patentanspruch hat in erster Linie den Zweck, den Gegenstand der Erfindung für den Techniker möglichst genau zu bezeichnen, nicht aber den sich daraus ergebenden Patentschutz nach allen Seiten genau abzugrenzen. In dieser Beziehung muß vielmehr manches der späteren Auslegung vorbehalten bleiben."

Für den aufmerksamen, nicht voreingenommenen Leser ergibt sich daraus doch keineswegs eine Ablehnung, sondern eine sogar ziemlich weitgehende Übereinstimmung mit den Gesamtanschauungen Hartigs. „In erster Linie den Zweck" heißt doch nicht „den ausschließlichen Zweck". „Nicht nach allen Seiten genau" heißt doch nicht etwa, daß der Schutzbereich nicht nach seiner gegenständlichen Tragweite abgegrenzt werden soll. „Für den Techniker" braucht doch nicht etwa so gedeutet zu werden, daß der Richter an die Abgrenzung des Gegenstandes der Erfindung nicht gebunden sei. Zu alledem aber hat das Reichsgericht in der angezogenen Entscheidung ausdrücklich betont, daß der Anmelder im Zweifel den Schutz und nur den Schutz beanspruchen könne, der ihm nach dem Stande der Technik gebührt.

Über die Worte „im Zweifel" und „nur" hat man sich ebenso leichtfertig hinweggesetzt wie über den für den Techniker so überaus einfachen Tatbestand. Nach diesem handelt es sich um eine Einrichtung zum selbsttätigen Löschen von Koks, gekennzeichnet durch eine vor den Retorten fest angeordnete, zu Anfang wagerechte, später unter einem beliebigen Winkel ansteigende und in dem wagerechten Teile bewässerte Rinne, in welcher beim Entlangführen der Koks auf dem wagerechten Teile das Wasser mitgenommen wird, um sich am Knie der Rinne zu stauen und sich von oben über die Koks zu stürzen. Ein Nachahmer hatte den Gegenstand der Erfindung in der Weise benutzt, daß das Wasser am Knie zwar höher stand, aber nicht nach Art eines Wasserfalles von oben zurückstürzte.

[57]) Blatt für P. M. u. Z. 1910, S. 157ff.

[58]) „Der Patentanspruch", S. 136.

Wie jeder verständige Techniker den im Patentanspruch klar angegebenen Gegenstand der Erfindung von vornherein auch nicht anders aufgefaßt haben würde, so hat das Reichsgericht diese unvollkommene Nachahmung als Patentverletzung angesprochen, und das mit Fug und Recht. Klarer wird kaum jemals ein erst gerichtlich auszutragender Streitfall liegen, wenn die Patentverletzung nicht von vornherein Laien und Richtern über jeden Zweifel erhaben sein soll. Der Stand der Technik ist vom Reichsgericht herangezogen, weil der Nachahmer eingewendet hatte, das bloße Stauen und der Rückfluß des Wassers mit dem Mittel einer aus der wagerechten Richtung ansteigenden Rinne sei bereits durch ein englisches Patent vom Jahre 1890 vorweggenommen worden. Wäre das wirklich der Fall gewesen, so würde eine auf die Bildung des Wasserfalles erhöhte Stauwirkung für die Frage des Schutzbereichs in Frage gekommen sein und zu einer engeren Auslegung des Patents haben führen können. Auf Grund der Sachverständigengutachten hat das Reichsgericht aber als festgestellt erachtet, daß in der englischen Patentschrift von einer Stauwirkung nirgends die Rede sei.

Damit war der Stand der Technik schon wieder erledigt, und es ist schade um die Druckerschwärze, welche in der Folgezeit auf ihn verschwendet wurde. Neues ist in der Entscheidung vom 9. Februar 1910 nicht enthalten, dafür aber Falsches namentlich von Wirth und Isay in sie hineingetragen. Sogar das Reichsgericht selbst hat sich veranlaßt gesehen, gegen das törichte Bestreben, in dieser Entscheidung einen „Markstein" oder „Wendepunkt" zu erblicken, Front zu machen. In seiner Entscheidung[59]) vom 28. Juni 1911 sagte das Reichsgericht:

„Es ist ausgesprochen, daß im Zweifel der Stand der Technik zur Zeit der Anmeldung entscheide, einerlei ob er der patenterteilenden Behörde bekannt war oder nicht. Es ist nicht ausgesprochen, daß der Gang des Erteilungsverfahrens für die Patentauslegnng ohne Bedeutung sei."

Schon in einer Entscheidung[60]) vom 23. Januar 1907 hatte das Reichsgericht erklärt, es sei verfehlt, wenn die Revision sich darauf berufe, daß bei der Auslegung eines Patents der Schutz

59) Blatt für P. M. u. Z. 17, S. 274.

60) Zeitschrift für Industrie, Bd. 2, S. 126.

so weit anzuerkennen sei, wie die beschriebene und angemeldete Erfindung reiche. Diese unter Umständen verwertbare Leitregel finde keinen Raum, wenn der völlig klare Patentanspruch über den Umfang des gewollten Schutzes keinen Zweifel lasse. Sonst würde man zu dem vom Reichsgericht schon in einem Urteil vom 9. Dez. 1905 für unrichtig erklärten Ergebnis gelangen, daß der Patentanspruch seiner gesetzlichen Bedeutung, dasjenige anzugeben, was als patentfähig unter Schutz gestellt werden solle, entkleidet werde.

In einer neueren Entscheidung[61]) heißt es dann noch:

„Für eine Auslegung fehlt es an jeder Möglichkeit, wenn der Wortlaut der Urkunde ein völlig klarer und unzweideutiger ist und einen Zweifel über den Sinn des darin Erklärten nicht übrig läßt; in einem solchen Falle erscheint eine Auslegung als unzuläffig; der klare Wortlaut setzt immer der Auslegungsfreiheit eine Grenze."

Fürwahr, es gehört ein sehr verschlossenes Ohr oder aber eine ganz ungewöhnliche Denkweise[62]) dazu, dem höchsten deutschen Gerichtshof eine Anschauung unterzuschieben[63]), nach welcher das Patentamt im Erteilungsverfahren jedem Bestreben entgegenzutreten habe, welches bestimmende Erklärungen über den Umfang des Schutzes bezweckt.

Die Abgrenzung des Gegenstandes der Erfindung erfolgt im Erteilungsverfahren aus dem sehr verständigen Grunde, weil der Techniker möglichst genau wissen muß, was er zu lassen hat, um nicht in den Schutzbereich eines Patents und damit in die Fußangeln unliebsamer, weil nutzlos Zeit und Geld vergeudender Patentprozesse zu geraten. Ist der Gegenstand der Erfindung möglichst genau bezeichnet, so ist für die nationale Industrie schon so viel gewonnen, daß das Reichsgericht mit Fug und Recht sagen konnte, der Patentanspruch habe in erster Linie den Zweck, den Gegenstand der Erfindung für den Techniker möglichst genau zu bezeichnen. Daß aber mit solcher Bezeichnung der gegenständlichen Tragweite der ganze Umfang des sich aus einem Patent ergebenden Schutzes noch nicht nach allen Seiten genau abgegrenzt sein kann, ist für jeden, der sich über die

[61]) Juristische Wochenschrift, 1912, S. 69.

[62]) Vgl. Dr. Wirth u. Dr. Isay, Der Patentanspruch, S. 23.

[63]) a. a. O., S. 11.

Grundbegriffe der Jurisprudenz klar geworden ist, nur selbstverständlich. Wenn Wirth in diesem Falle die verschiedenen Begriffe ebensowenig auseinanderhält wie in anderen Fällen[64]), so ist das bei ihm mangels juristischer Durchbildung erklärlicher als bei Isay, bei dem man gründliche juristische Durchbildung und juristisches Denken voraussetzen darf, bevor er an eine Kritik der Rechtsprechung unseres höchsten Gerichtshofes herangeht und Verwirrung in die deutsche Patentrechtslehre trägt.

§ 4.

Mit vereinten Kräften haben Wirth und Isay das von Hartig begründete System einer Abgrenzung des Erfindungsgegenstandes mittels technologischer Begriffsbestimmung herabzusetzen versucht. Als Mittel zum Zweck diente ihnen dabei zunächst die vom ersten Kommentator des geltenden Patentgesetzes, Seligsohn, als blendende Antithese bezeichnete Gegenüberstellung vom Gegenstand der Erfindung und Umfang des Patentschutzes. Das Fehlerhafte und Verwirrende dieser Antithese ist von Seligsohn, Kohler, Schanze, Rathenau und anderen bereits erörtert worden. Seligsohn[65]) nennt die scharfe Gegenüberstellung dieser Begriffe, welche nicht notwendige Gegensätze seien, einen Fehler, welcher unheilvoll gewirkt und die Gerichte verführt habe, neue Patente zu machen, wozu doch das Patentamt allein und am besten geeignet sei. Kohler[66]) sagt, bei der zur Hebung von Patentrechtsschwierigkeiten gebildeten Denkform, zwischen Patentgegenstand und Schutzumfang zu unterscheiden, sowie bei der daraus gezogenen Folgerung, daß das Patentamt nicht den Schutzumfang, sondern den Patentgegenstand festzustellen habe, handele es sich um die Übertreibung und irrige Ausrenkung einer an sich richtigen, aber längst bekannten Idee.

Daß zwischen Patentgegenstand und Schutzgegenstand oder richtiger Umfang des Rechts zu unterscheiden sei, stellt Kohler

[64]) Vgl. Schanze im Gewerbl. Rechtsschutz, 1912, S. 220.

[65]) „Der Patentanspruch" von Dr. Wirth und Dr. Isay, 1912, S. 169 ff. —

[66]) Gewerbl. Rechtsschutz, 1912, S. 161.

als ebenso selbstverständlich hin, wie daß mit dem Erfindungsgegenstande auch die Tragweite des Erfindungsrechts gekennzeichnet werde. Die selbständige Bedeutung des Rechtsumfanges eines Patents gegenüber dem Gegenstande der Erfindung erkennt Kohler natürlich an, betont aber, daß die Charakteristik der Erfindung lediglich durch den Patentgegenstand bestimmt werde. Schanze[67]) sagt, es sei ganz unmöglich, Gegenstand der Erfindung und Umfang des Patentschutzes ganz auseinanderzureißen, sie als voneinander unabhängige Dinge hinzustellen, deren eines vom Patentamt, das andere vom Prozeßgericht festgestellt werde. Es sei daran festzuhalten, daß in der Patenterteilung verbindliche Feststellung des Gegenstandes und Herbeiführung einer Rechtswirkung zusammenfallen. Das Patentamt bestimme nicht nur, was patentiert sei, sondern auch, daß hinsichtlich dieses „was“ der Patentschutz eintreten solle.

Rathenau[68]) erklärt, die in die Diskussion geworfene scharfe Antithese habe die Bahn der Entwicklungsstufen verdunkelt, weil eben die Gerichte und mit ihnen eine Anzahl Schriftsteller von der ruhigen Betrachtung abgelenkt wurden. Dabei spricht Rathenau von einem unleugbaren Verdienst, daß Wirth und Isay immer wieder betont haben, das Erteilungsverfahren sei nur dazu bestimmt und geeignet, den Erfindungsgegenstand abzugrenzen. Unmittelbar darauf stellt er fest, daß Wirth und Isay mit dem Unterschiede zwischen Gegenstand der Erfindung und Schutzumfang keine neuen Heilswahrheiten verkündet haben. Welche unheilvolle Wirkung der von Rathenau als Blitz aus heiterem Himmel bezeichnete Vortrag Isays „Wesen und Bedeutung des Patentanspruchs“ angerichtet hat, läßt sich aus den Angaben entnehmen, daß sich danach die Gerichte Herren der Situation glaubten, und daß sich ihrer darob ein Siegestaumel bemächtigt habe, sowie daß das Reichsgericht mit der Entscheidung vom 28. Juni 1911 habe einsetzen müssen, damit nicht schwere Gefahren heraufbeschworen würden.

---

[67]) Gewerbl. Rechtsschutz, 1912, S. 209 f.
[68]) a. a. O. S. 174 f.

Angesichts solcher Beurteilungen der blendenden Antithese scheint eine besondere Verurteilung der aus ihr gezogenen Folgerungen überflüssig zu sein, zumal wenn man sich darüber klar ist, daß eine Abgrenzung des Erfindungsgegenstandes auf alle Fälle doch als Begrenzung der gegenständlichen Tragweite des Patents[69]) anzusprechen ist. Keineswegs überflüssig ist aber eine kritische Betrachtung des von Wirth und Isay gegen Hartig unternommenen und unwissenschaftlich geführten Angriffs. Isay scheint sich dabei im Großen und Ganzen auf eine vermeintliche Autorität Wirths verlassen zu haben, ohne sich selbst genügende Klarheit darüber zu verschaffen, was Hartig überhaupt gewollt hat. Verstanden hat er diesen sicher nicht; denn sonst ist nicht zu begreifen, wie er sich zu den Worten versteigen konnte, nach den ausgezeichneten Untersuchungen von Wirth könne nicht der mindeste Zweifel darüber sein, daß die Definition für die Vermittlung des Erfindungsgedankens nicht das beste Ausdrucksmittel sei. Hartig spricht so oft von der Definition des Erfindungsobjektes, Erfindungsgegenstandes, Anmeldungsgegenstandes, Patentgegenstandes usw., daß man ihm wirklich doch nicht erst unterstellen sollte, eine Definition für die Vermittlung des Erfindungsgedankens angestrebt zu haben. Soll aber etwa mit der Vermittlung des Erfindungsgedankens der Gegenstand der Erfindung gemeint sein, so sind Wirth und Isay bis heute noch den Nachweis eines Ausdrucksmittels schuldig geblieben, welches besser ist als die begriffliche Erfassung, wie sie Hartig mit seiner Definition des Erfindungsgegenstandes im Patentanspruch gewollt hat. Unerheblich ist hierbei, inwieweit diese begriffliche Fassung zugleich Ausdrucksmittel für den Erfindungsgedanken sein kann; denn auf diesen kommt es bei Hartig deshalb nicht besonders an, weil er sich an das geltende Gesetz und nicht an Utopien eines nach Art des Autorrechts aprioristisch ausgeklügelten Erfindungsrechts hielt, wie die Modernen gar zu gern möchten, obwohl die nationale Industrie darunter schwer zu leiden haben würde. Gerade hier zeigt sich wieder die Bedeutung von § 4 (PG.), der nicht etwa

[69]) Vgl. Schanze, im Gewerbl. Rechtsschutz, 1912, S. 199 ff.

schlechthin von der Erfindung und noch weniger von einem Schutz des Erfindungsgedankens, sondern eben vom Gegenstande der Erfindung spricht.

Vollständig verfehlt ist es, wenn Isay behauptet, der Patentanspruch habe lediglich die Aufgabe, den Gegenstand der Erfindung zu kennzeichnen, nicht aber den Schutzbereich des Patents abzugrenzen. Darin liegt eine Gedankenlosigkeit oder oberflächliche Denkweise, die um so schwerer zu verurteilen ist, als Isay doch wissen sollte, daß mit der Kennzeichnung des Erfindungsgegenstandes der Schutzbereich doch schon in bezug auf die gegenständliche Tragweite abgegrenzt ist. Der von Isay aufgestellte Satz[70]), daß der Anspruch sich nicht gleichzeitig die Aufgabe stellen könne, den Gegenstand der Erfindung und den Umfang des Schutzbereichs zu formulieren, sondern nur das eine oder das andere zum Ausdruck bringen könne, erweist sich als falsch und irreführend, solange man nicht die vom Reichsgericht zutreffend gewählte Ausdrucksweise von einer Abgrenzung des Patentschutzes „nach allen Seiten hin" benutzt.

Wirth und Isay versuchen bei ihrem Angriff gegen Hartig schon daraus Kapital zu schlagen, daß sie die Äquivalente nicht zum Gegenstande der Erfindung rechnen wollen. Daraus würde aber immer noch nicht folgen, daß die Äquivalente im Patentanspruch besonders erwähnt werden müssen, um mit geschützt zu sein. Isay[71]) sagt selbst, daß sie in den Schutzbereich des Patents fallen, ohne daß nach der herrschenden Praxis der Anspruch nötig hätte, sie zu erwähnen. Diese Praxis wird aber doch weder von Isay noch von Wirth als unrichtig bezeichnet. Trotzdem aber benutzen beide gerade auch die Äquivalente für ihren ganz und gar überflüssigen Nachweis, daß der Patentanspruch keine lückenlose Umgrenzung des Schutzbereichs geben könne. Neben den Äquivalenten führt Wirth insbesondere noch den Teilschutz bezw. den Schutz gegen unvollständige Nachahmungen als Argument gegen das Hartigsche System ins Feld. Äquivalente und Teilschutz hält er in dieser Hinsicht für wichtig

[70]) „Der Patentanspruch", S. 109 f.
[71]) „Der Patentanspruch", S. 111.

genug, daß er sich bei seinem Vortrage[72]) „Der Patentanspruch in der Praxis des Patentamts" auf diese und zwar nur unter dem Gesichtspunkte der Neuheit — also nicht etwa auch der Patentwürdigkeit — beschränken zu können glaubte. A fortiori glaubte er dann auf die Untunlichkeit der lückenlosen Festsetzung des Schutzumfanges bei der Patenterteilung auch für die nicht behandelten, viel schwierigeren Fälle schließen zu dürfen[73]). Dieses Vorgehen der Beschränkung und der Schlußfolgerung ist an sich eigenartig; aber eines Beweises der Unmöglichkeit der lückenlosen Festsetzung des Schutzumfanges bedarf man ja gar nicht. Vorteilhaft ist es aber, wenn man sich ganz klar darüber wird, daß bei der Patenterteilung lediglich der Gegenstand der Erfindung umgrenzt werden soll, die sonstige Feststellung des Schutzumfanges aber ohnehin der Beurteilung des Verletzungsrichters unterliegt, der ja z. B. auch zu entscheiden hat, ob das gesetzliche Ausschließungsrecht etwa durch ein Vorbenutzungsrecht nach § 5 PG. durchbrochen wird und dergl. mehr.

Von den Äquivalenten kann man aus den oben dargelegten Gründen einfach absehen, soweit es sich um einen wirklich gleichwertigen Ersatz der beim Gegenstande der Erfindung gekennzeichneten Mittel handelt. Die sogenannten patentrechtlichen Äquivalente, welche Wirth nach dem Vorgange von Kohler sogar auf den Fall der Abhängigkeitspatente ausdehnt, sollten überhaupt ausscheiden, statt mit der Phrase herangezogen zu werden, es könne vom Erfinder nicht verlangt werden, daß er alle Abhängigkeitserfindungen selbst mache, um gegen sie geschützt zu sein[74]). Es bleibt also für eine Kritik der Angriffe Wirths gegen Hartigs System zunächst lediglich der Teilschutz bezw. der Schutz gegen unvollkommene Nachahmung übrig, welche Wirth gern durcheinander bringt. Bezüglich des Teilschutzes ist eine Beweisführung gegen Hartig insofern unnötig, als dieser einen Teilschutz etwa „im Lichte moderner Rechtsideen" überhaupt nicht gekannt, also bei seinem System der Abgrenzung

---

[72]) a. a. O. S. 181 ff.

[73]) a. a. O. S. 186.

[74]) a. a. O., S. 216.

des Erfindungsgegenstandes überhaupt nicht in Erwägung gezogen hat. Aber wenn man auch zugeben kann, daß Hartig hinsichtlich des Teilschutzes einem Irrtum unterlegen sei, so ist dieser doch nicht gegen Hartigs System der Abgrenzung mittels technologischen Begriffs, sondern nur gegen seine Einheitlichkeitsideen ins Feld zu führen. Daß Wirth beides durcheinander wirft, ist nur ein Beweis, wie sehr Schanze Recht hat, wenn er sagt, daß Wirth die einzelnen Fragen zu wenig isoliert behandele und daß deshalb bei seinen Ausführungen der rechte Gewinn ausbleibe[75]).

Einem ganz groben Irrtum ist Wirth[76]) unterlegen, als er gesagt hat, Hartig habe in der Verneinung des Teilschutzes ganz richtig eine notwendige Folge seines Systems der Anspruchsformulierung erkannt und nur Worte der Entschuldigung, nicht aber der inneren Begründung dieser Schutzbeschränkung gefunden. Zunächst ist einmal das Staffelsystem, welches Wirth dabei im Auge zu haben scheint, keineswegs die Ursache der Verneinung des Teilschutzes; denn man kann ja beim Staffelsystem auch vom Teil zum Ganzen aufsteigen. Das Staffelsystem könnte höchstens als Folge dieser Verneinung angesprochen werden. Ursache und Wirkung sollte man aber jedenfalls doch nicht miteinander verwechseln, wenn man sich an einen so großen Geist wie Hartig heranwagt. Sodann aber hat Hartig seine Aberkennung des Teilschutzes sehr wohl begründet, und diese Begründung stützte sich auf den Geist der deutschen Patentgesetzgebung wie auf das wohlverstandene Interesse der nationalen Industrie. Beide sind allerdings für Wirth scheinbar unwesentlich. Die wesentlichsten Gründe aber, welche seinerzeit gegen den Erlaß eines Reichspatentgesetzes ins Feld geführt worden sind, waren einerseits die Besorgnis, daß der Patentschutz für technische Erfindungen die wirtschaftliche Freiheit der Gewerbetreibenden oder Fabrikanten in unzulässigem Maße beschränken werde, und anderseits die Erwägung, daß an dem Zustandekommen technischer Erfindungen nicht die

[75]) Schanze, im Gewerbl. Rechtsschutz, 1912, S. 220.
[76]) „Der Patentanspruch", S. 189.

schöpferische Kraft des Erfinders allein, sondern in hohem Maße auch der schon im Allgemeinbesitz der Menschheit befindliche Vorrat technischen Wissens beteiligt sei. Daneben aber wurde auch schon damals die im Geist vorgeahnte Rechtsunsicherheit ins Feld geführt, die sich ergeben müsse, wenn das Rechtsobjekt unsicher umgrenzt würde, wozu doch ganz gewiß gehört, daß man bei der Patenterteilung noch nicht weiß, ob und welche Teile als patentfähig unter Schutz gestellt worden sind. Das wiegt um so schwerer, als es auch heute noch Leute gibt, die wie seinerzeit Dr. André, der bewährte Vorkämpfer des deutschen Patentschutzes, eine deutliche Empfindung dafür haben, daß es doch nichts Geringes ist, um des einen Erfinders willen Millionen von Menschen die Hände zu binden!

Im übrigen aber hat Hartig[77]) zunächst aus dem Patentgesetz selbst begründet, daß der Einheitlichkeit des Rechtsschutzes die Einheitlichkeit der geschützten Erfindung gegenüberstehe. Sodann hat er für einzelne Gruppen anerkannter Erfindungen gezeigt, daß sich eine dem Rechtsgefühl der Beteiligten entsprechende und wissenschaftlich ausreichend begründete einheitliche Umgrenzung des Erfindungsinhalts auffinden läßt. Sodann hat sich Hartig insbesondere auch mit den Versuchen beschäftigt, welche eine Erweiterung des dem Erfinder zustehenden Rechts durch Zerlegung eines Arbeitsprozesses der Maschine in seine logisch unterscheidbaren Teile und Beanspruchung dieser Teilprozesse für das Gesamtgebiet der Technik anstreben. Von dem Gesichtspunkt ausgehend, daß regelmäßig — also von Ausnahmen abgesehen — bei den Teilprozessen die ausgedehntesten Entlehnungen aus dem Allgemeinbesitz der Technik sowie einfache Übertragungen aus anderen Zweigen der Technik stattzufinden pflegen, wies Hartig gerade auf die Gefahr hin, daß die gesonderte Inanspruchnahme elementarer Einzelprozesse neben der Forderung auf das Ganze zu einer bedauerlichen Belästigung der gesamten Technik und zu unerwünschter Prozeßhäufung führen würde, was sehr geeignet sei,

---

[77]) Studien, S. 155 f.

den guten Kern des Patentschutzes in tiefen Schatten zu setzen[78]).

Insbesondere betonte Hartig, daß der Erfinder mit beiden Füßen auf den Schultern der Vorgänger stehe, und daß dasjenige, was er im einzelnen ohne Entschädigung an andere abzugeben habe, durch die von ihm benutzten Überlieferungen in den meisten Fällen mehr als ausgeglichen werde. Gegenüber diesen Darlegungen muß es doch wohl leichtfertig erscheinen, von Hartig zu sagen, daß er nur Worte der Entschuldigung, nicht aber der inneren Begründung für die Beschränkung des Patentschutzes auf das Ganze gegeben habe. In ein klareres Bild tritt die Frage des Teilschutzes, wenn man noch berücksichtigt, daß Hartig diesem die Anerkennung für das Erteilungsverfahren abgesprochen hat, wie schon der Titel seines Buchs „Studien in der Praxis des Kaiserl. Patentamts" andeutet. In seinem Aufsatz[79]) „Zur Markscheidekunst in der Patentverwaltung" sagt Hartig ganz unzweideutig, daß der Gerichtshof, welcher seine Entscheidung über eine Patentverletzung für einen konkreteren Fall zu treffen habe, bei dem ein Plus von Umständen zu berücksichtigen sei, auch die Nachbildung eines einzelnen wichtigen Bestandstückes als Ingebrauchnahme der geschützten Erfindung zu erklären habe, wenn etwa neue Umstände auftreten, welche dem Patentamt fernlagen, aber von dem nach freier Überzeugung urteilenden Richter zu berücksichtigen seien. Angesichts dieser Feststellungen erscheinen die Angriffe von Wirth und Isay gegen Hartig schon in einem für sie wenig erfreulichen Lichte, was aber noch schlimmer wird, sobald man der Frage des Teilschutzes wirklich auf den Grund geht. Auch schon vor dem „Licht moderner Rechtsideen" oder den Übertreibungen der sogen. Freirechtsbewegung dachte im Ernst doch niemand mehr daran, zu bestreiten, daß es einen Schutz für Teile des Erfindungsgegenstandes und insbesondere Schutz gegen unvollständige oder unvollkommene Nachahmungen gibt. Das berechtigt aber Wirth doch noch lange nicht, seinem

[78]) Studien, S. 164.

[79]) Zivilingenieur, Bd. 42, Heft 6.

Vortrage „Über den Patentanspruch in der Praxis des Patentamts“ den Satz zugrunde zu legen, daß alle neuen Teile an und für sich schutzberechtigt sein können. Hierüber herrscht entgegen der Behauptung von Wirth[80]) ebensowenig Einigkeit, wie darüber, daß der Erfindungsgedanke an sich schutzberechtigt sei.

Vielfach liegt die Sache bei einer Gesamterfindung so, daß außer dem Ganzen auch ein selbständiger Teil neu ist, und dann steht nicht das geringste im Wege, diesen Teil zum Gegenstande eines Patentanspruchs zu machen. Der gesetzliche Weg, für diesen Teil Sonderschutz zu erlangen, ist der, daß man ihn zum Gegenstande des Hauptanspruchs macht und das Ganze erst in einem Unteranspruche zum Ausdruck bringt. Auf solche Weise ergeben sich keineswegs monströse Patentansprüche, und es ist von vornherein die allseitig erwünschte Klarheit darüber geschaffen, daß der betreffende Teil selbständigen Patentschutz genießt. Der nationalen Industrie werden nichtsnutzige Prozesse erspart, und auch dem Patentsucher geschieht kein Abbruch, da er ja bei seiner Gesamterfindung ohnehin von diesem Teil als einem wesentlichen abhängig sein wird. Ist ihm das nicht erwünscht, so muß er eben ein zweites Patent anmelden, wobei wenigstens der Anwaltszwang entfällt. Liegen mehrere selbständige Teilerfindungen oder Erfindungsteile und auch deren Verbindung miteinander zu einer neuen Gesamtwirkung vor, so hat der Patentsucher den gesetzlichen Weg zur Erlangung von Sonderschutz in der Anmeldung mehrerer Patente, gegebenenfalls auch Zusatzpatente. Will der Patentsucher diesen Weg nicht einschlagen, oder aber kann er es nicht, weil er fürchten muß, daß das Patentamt mit größter Wahrscheinlichkeit den einen oder anderen Teilschutz verweigern wird, so ist doch wahrlich kein Grund vorhanden, einen solchen Teilschutz nachträglich im Wege des Verletzungsprozesses anzuerkennen. Versagt das Patentamt ausdrücklich den Anspruch auf einen Teil, so liegt die Sache doch eigentlich genau so, als wenn ein für diesen Teil nachgesuchtes besonderes Patent versagt worden wäre, in welchem

[80]) „Der Patentanspruch“, S. 187.

Falle doch auch kein Gericht den Patentschutz nachträglich unter irgendeinem Vorwande oder irgendeiner Fiktion konstruieren dürfte. Hat aber der Anmelder gar keinen besonderen Anspruch auf das Element gestellt, so entfällt die Prüfung dieses Elements durch das Patentamt, aber zugleich auch eine Schutzerteilung für das Element. Nach deutschem Patentrecht gilt der Grundsatz: „Kein Patentschutz ohne amtliche Vorprüfung und auch nicht ohne die Möglichkeit der Nachprüfung im Nichtigkeitsverfahren.“

§ 5.

Am Schlusse der Beschreibung ist dasjenige anzugeben, was als patentfähig unter Schutz gestellt werden soll. Das gilt doch selbstverständlich auch für Elemente, welche etwa Sonderschutz genießen sollen. Hat der Gesetzgeber eine Vorschrift gegeben, so ist sie auch zu beachten und nicht etwa mit einem jus praeter legem wirkungslos zu machen. Der Patentschutz kann in Richtung seiner gegenständlichen Tragweite nicht über das hinausgehen, was beansprucht worden ist. In der Abfassung und Gewährung der Patentansprüche liegt eine unzweideutige Beschränkung des Patentschutzes. Der Gesetzgeber hat dem Patentamt die Erteilung des Patentschutzes nach dessen pflichtmäßigem Ermessen vorbehalten, und das Patentamt muß den Schutz für einen Teil versagen, wenn dieser zwar angemeldet ist, aber den gesetzlichen Anforderungen für die patentamtliche Schutzgewährung nicht entspricht.

Die Ansicht, daß das Patentamt in dem Falle, wo jemand ein Patent auf die Kombination verlangt, nur zur Entscheidung darüber berufen sei, ob es diesen Schutz gewähren wolle[81]), ist zweifellos richtig. Daraus folgt aber nicht etwa, daß nun die ordentlichen Gerichte im Sinne der modernen Freirechtsbewegung den Schutz auf Erfindungsteile ausdehnen können. Gewährt und auch nur nachgesucht ist in einem solchen Falle der Schutz für die Kombination und nicht für einzelne Teile

[81]) Vgl. Seligsohn, Patentgesetz, S. 54.

derselben. Die Gerichte aber haben das Gesetz zu achten und sind weder zur Vormundschaft für den Anmelder noch für das Patentamt bestellt worden. Der Patentsucher hat es ja doch in der Hand gehabt, den Patentschutz so weit nachzusuchen, als er Anspruch darauf zu haben glaubte. Außer seinem Hauptanspruch und geeigneten Unteransprüchen bot sich ihm ja die Möglichkeit, noch besondere selbständige Patente und auch Zusatzpatente mit Haupt- und Nebenansprüchen anzumelden. Macht er von den ihm gebotenen gesetzlichen Mitteln keinen Gebrauch, so mag er doch die Folgen selbst tragen. Diese etwa auf die Gesamtheit abzuwälzen, entspricht jedenfalls nicht den Grundsätzen einer verständigen Volkswirtschaft. Den Interessen des Patentsuchers steht das öffentliche Interesse, insbesondere das Interesse der nationalen Industrie als eines Hauptfaktors des nationalen Wohlstandes mindestens doch wohl gleichberechtigt gegenüber. Man kann dem Erfinder die lebhaftesten Sympathien entgegenbringen, aber trotzdem, wie Dr. André[82]), auch volles Verständnis dafür behalten, daß es denn doch keine Kleinigkeit ist, der nationalen Industrie um des einen — des Erfinders — willen die unter Umständen doch recht lästigen Fesseln aufzuerlegen, namentlich wenn damit, wie ganz besonders beim Teilschutz, noch ein hohes Maß von Unklarheit und Rechtsunsicherheit wie die Gefahr der Prozeßhäufung unmittelbar verbunden ist. Man muß sich doch darüber ganz klar sein, daß mindestens die nachträgliche Ausdehnung des Patentschutzes auf Dinge, deren Einbeziehung in die Patentansprüche unter Umständen zur Versagung des ganzen Patents hätten führen können, jeder Berechtigung entbehrt.

Unerläßliche Vorbedingung für das Zustandekommen des Patentschutzes ist, daß der Patentsucher in seinem Antrage angibt, was als patentfähig unter Schutz gestellt werden soll. Bezeichnet er ein Element einerseits und dessen Kombination mit anderen Elementen andererseits als solches, so muß das Patentamt prüfen und nach pflichtmäßigem Ermessen entscheiden, ob die verschiedenen Patentansprüche gewährt werden können.

---

[82]) Vgl. Hartig, Studien, S. 260.

Werden sie gewährt, so ist das Patent in dem beanspruchten Umfange zustandegekommen und von den Gerichten zu respektieren. Eine etwa irrtümliche Schutzgewährung kann dann nur im Nichtigkeitsverfahren unschädlich gemacht werden. Versagt das Patentamt den Patentschutz ganz, so hat der Patentsucher überhaupt kein Mittel, den von ihm gewünschten Schutz zu erlangen. Versagt es den Patentschutz teilweise, nämlich für das Element, so sollte der Patentsucher in diesem Falle ebensowenig ein Mittel haben, den Teilschutz nachträglich noch durchzusetzen. Ist aber gar kein Anspruch auf den Teilschutz gerichtet worden, so entfällt mit dessen patentamtlicher Prüfung zugleich jedes Anrecht auf eine nachträgliche Geltendmachung. Das Gegenteil anzunehmen, wäre widersinnig und könnte nur zu der höchst bedenklichen Erscheinung führen, daß jemand, um solchen Teilschutz zu erlangen, sich auf die Anmeldung einer vielleicht recht unbedeutenden Kombination beschränkt und so den Teilschutz ohne dessen amtliche Prüfung erschleicht. Ein Patentanwalt aber, der dabei mitwirken wollte, dürfte unter allen Umständen vor das Ehrengericht gehören; denn zum würdigen Verhalten des Patentanwalts gehört doch wohl die Achtung vor dem Patentgesetz. Die Möglichkeit, den Teilschutz auf dem angedeuteten ungesetzlichen Wege zu erlangen, ist eine Folge davon, daß das Reichsgericht im Gegensatz zum Patentamt einen Teilschutz anerkennen zu sollen geglaubt hat, der in den Patentansprüchen nicht zum Ausdruck gekommen war.

Als einziger Grund dafür findet sich die Angabe, man dürfe nicht fordern, daß der Erfinder bei der Patentnachsuchung zum Ausdruck zu bringen habe, daß und welche einzelnen Teile er neben der Gesamtkonstruktion für sich patentiert haben wolle, weil das bei zusammengesetzten Maschinen zu den monströsesten Patentansprüchen führen würde[83]). Da der Gesetzgeber verlangt hat, daß im Patentanspruch anzugeben sei, was als patentfähig unter Schutz gestellt werden soll, so kann und muß man jene

[83]) R.G. vom 18. Januar 1890, Bolze, Bd. 9, Nr. 95. — Da diese Entscheidung aber nur in ganz kurzem Auszuge vorliegt, so mag das Reichsgericht in dem konkreten Falle sehr wohl noch besondere Gründe gehabt haben.

Forderung doch wohl stellen, und das umso eher, als das Gegenteil ganz naturgemäß zu den monströsesten Klageansprüchen führen würde. Damit aber wird Rechtsunsicherheit und Prozeßhäufung erzielt, wie auch eine leicht zu vermeidende Beunruhigung in die Fabriken und Werkstätten getragen, welche die verdienstvollen Vorkämpfer für einen Reichspatentschutz allein schon zu weiser Vorsicht gemahnt hat, von der man bei den Modernen auch nicht einen Hauch zu spüren vermag.

Um den Gerichten die Befugnis zu sichern, ein Patent über den Erteilungswillen des Patentamts hinaus auszulegen, wird oft auf Entscheidungen Bezug genommen, welche festgestellt haben, daß die Auslegung des Patents nicht dem Patentamt, sondern den ordentlichen Gerichten zustehe. Richtig ist daran nur, daß der ordentliche Richter an eine Auslegung durch das Patentamt, z. B. im Nichtigkeitsverfahren, nicht gebunden ist, sondern gemäß § 286 der Z. P. O. nach freier Überzeugung selbst zu entscheiden hat. Auszulegen hat das Patentamt zweifellos, wie dies oben (S. 9) bereits erörtert worden ist. Allerdings hat sich im Nichtigkeitsverfahren schon oft die wenig erfreuliche Erscheinung gezeigt, daß ein Patent auch nicht entfernt so weit zu reichen schien, wie es nachher vom ordentlichen Richter ausgelegt worden ist. Wäre in einem solchen Falle die Tragweite des Patents vom Nichtigkeitsrichter zutreffend oder vielleicht auch unzutreffend so weit erkannt worden wie später vom Verletzungsrichter mit seinem Sachverständigen, so würde sich wahrscheinlich ergeben haben, daß den gesetzlichen Anforderungen an Neuheit und Patentfähigkeit nicht genügt, also das Patent zu vernichten oder entsprechend zu beschränken sei. Im wohlverstandenen Interesse der Industrie liegt es aber doch wohl, daß ein Patent, welches nach seiner gegenständlichen Tragweite im Zivilprozeß so weit ausgelegt werden kann, daß andere Gesichtspunkte für die Neuheit und Patentfähigkeit maßgebend werden, auch vom Patentamt auf das erforderliche Maß beschränkt werden muß.

Weil das erfahrungsgemäß nicht geschieht, so ergeben sich in der Praxis oft die schwersten Mißstände; denn im Nichtigkeitsverfahren legt der Patentinhaber sein Patent selbst möglichst eng aus und verwahrt sich gegen jede weitergehende Auslegung, nur um sein Patent zu retten. Im Verletzungsprozeß aber, namentlich wenn die fünfjährige Präklusivfrist für ein Nichtigkeitsverfahren verstrichen ist, legt der Patentinhaber dann mit dem ja angeblich dafür allein zuständigen Richter das Patent so weit als möglich aus und erhebt die monströsesten Klageansprüche. Daß ein solcher Zwiespalt die Regel ist und die seltsamsten Erscheinungen zeitigt, weiß jeder Eingeweihte ebenso wie, daß ein solcher Zustand für die Industrie auf die Dauer geradezu unerträglich wird. Zur Beseitigung des Zwiespalts scheint man neuerdings auf den Gedanken gekommen zu sein, den Gerichten auch die Nichtigkeitsklage zuzuweisen. Das ist aber ein offenbarer Irrweg; denn wenn die Gerichte mit ihrem fragwürdigen Sachverständigeninstitut über die Nichtigkeit der Patente, also im Streitverfahren inter partes, zu entscheiden haben sollen, dann wird der Ruf nach Sondergerichten zum Schutz der Industrie sehr bald mit so elementarer Gewalt ertönen, daß es mit der Souveränität der Gerichte über das nach Isay[84]) nur subalterne Patentamt ein jähes Ende nehmen dürfte.

Statt auf Abhülfe des im Zwiespalt zwischen Nichtigkeitsverfahren und Verletzungsprozeß offenbar vorhandenen Mißstandes zu sinnen, gehen Wirth und Isay geradezu darauf aus, den Zustand noch unerträglicher zu machen, indem sie dem Richter im Sinne der unklaren Ziele der Freirechtsbewegung immer noch weiteren Spielraum für die Auslegung eines Patents geben und das Patentamt möglichst zur Rolle herabdrücken wollen, nur ein unverbindliches Gutachten abzugeben. Dabei diente der Fall des Kombinationspatents mit dem von den Gerichten festzustellenden Teilschutz nur als Einleitung, nach welcher die alleinige Entscheidung über die Tragweite des Patents auf die ordentlichen Gerichte mit dem wenig beliebten Anwaltszwange übergehen soll.

Bei diesem Falle des Kombinationspatents hat man ganz und gar übersehen, daß nach dem Geist der deutschen Patentgesetzgebung einerseits kein Patentschutz ohne amtliche Vorprüfung

---

[84]) Vgl. Verhandlungen des XXX. deutschen Juristentages.

erteilt werden soll, und daß andererseits gegen die Erteilung von Patentschutz ein Nichtigkeitsverfahren gegeben ist. Wie soll denn, nachdem das Patent auf eine Kombination ohne Prüfung der Voraussetzungen eines Teilschutzes erteilt worden ist, ein solcher gesetzlich begründet sein, und wie soll sich das gesetzliche Nichtigkeitsverfahren gegen einen solchen Teilschutz richten können, wenn er mit der Erteilung des Kombinationspatents etwa zur Entstehung gelangt sein sollte? Bei dieser Erwähnung des Nichtigkeitsverfahrens drängt sich unwillkürlich auch noch ein anderer Gesichtspunkt hervor. Wie will man es rechtfertigen, daß dem Kaiserl. Patentamt als der höchsten Autorität in Patentsachen die nachträgliche Prüfung der Neuheit und Patentfähigkeit vom Gesetzgeber ausdrücklich auf fünf Jahre nach der Erteilung beschränkt worden ist, während dem ordentlichen Richter eine solche Prüfung des Teilschutzes die ganze Patentdauer hindurch zustehen soll? Da dürfte denn doch wohl nur die eine Lesart des Gesetzes übrig bleiben, daß der ordentliche Richter in eine solche Prüfung überhaupt nicht einzutreten hat; denn sonst würde der Gesetzgeber ihm doch wohl dieselbe zeitliche Schranke gezogen haben wie der patenterteilenden Behörde. Ist ein Patent durch das dafür allein zuständige Patentamt erteilt, so besteht es so lange zu Recht, als es nicht auf gesetzlichem Wege wieder beseitigt wird.

Ergeben sich daraus Unzuträglichkeiten, so bleibt nur der Weg einer Gesetzesänderung. Niemals darf Willkür zur praktischen Vernichtung eines einmal verliehenen Schutzrechts führen, sonst kommt man zur Anarchie. Hätten die Gerichte den Stand der Technik soweit zu berücksichtigen, wie Wirth und Isay es wollen, so wäre die vom Gesetzgeber eingeführte Beschränkung der nachträglichen Prüfung auf Neuheit und Patentfähigkeit ganz und gar illusorisch. Der Grund für die seinerzeit eingeführte Präklusivfrist war an sich ein ganz verständiger; denn der Stand der Technik läßt sich nur in der Gegenwart einigermaßen richtig würdigen. Für die Vergangenheit ist die Würdigung umso schwieriger, je länger der Zeitpunkt vorübergegangen und je weiter die Entwicklung inzwischen vorgeschritten ist. Deshalb sollte fünf Jahre nach der Erteilung des Patents jede Nachprüfung des

Standes der Technik im Interesse der Industrie wie des Patentinhabers ausgeschlossen sein. Daraus aber ergab sich leider der Mißstand, daß dem allgemeinen Rechtsgefühl zuwider etwas unter Patentschutz bleiben konnte, was tatsächlich zur Zeit der Anmeldung bereits Gemeingut gewesen war. Aus dem genannten Rechtsgefühl heraus ist man zeitweise sogar zu der Ansicht gekommen, daß der Schutz sich nur so weit erstrecken könne, als der Gegenstand der Erfindung noch von dem Bekannten abweiche, daß also alles, was vor der Anmeldung bereits Allgemeingut gewesen sei, vom Patentschutz ausgenommen bleiben müsse, auch wenn damit der Patentschutz auf Null reduziert werden sollte.

Das ließ sich allenfalls hören, widersprach aber ganz augenscheinlich dem Willen des Gesetzgebers. Man wollte zunächst nur aus der Not eine Tugend machen, ist dann aber weitergegangen und hat einerseits gesagt, daß diejenigen Veröffentlichungen auszuscheiden hätten, durch welche der Patentschutz auf Null reduziert werden würde, und hat andererseits den Fall der fünfjährigen Ausschlußfrist als Ausgangspunkt dazu benutzt, daß die Gerichte den Stand der Technik überhaupt zu prüfen und zu berücksichtigen hätten. Damit ist die gefährliche Bahn der Entwicklung beschritten, welche ganz naturgemäß zu unheilvoller Verwirrung und zur Rechtsunsicherheit geführt hat. Später hat man den Ausgangspunkt sogar ganz außer acht gelassen und gesagt, die Gerichte könnten wohl über den vom Patentamt festgesetzten Umfang hinausgehen, niemals aber diesen einschränken[85]). Damit ist denn der einzige Gesichtspunkt, der mit Rücksicht auf die verfehlte Beschränkung der Frist für den Nichtigkeitsantrag vernünftigerweise noch hätte geltend gemacht werden können, verschwunden und der dem Sinn und Zweck der deutschen Patentgesetzgebung widerstreitende Grundsatz übrig geblieben, daß die Gerichte den Stand der Technik zur Abgrenzung des Schutzbereichs überhaupt zu prüfen haben. Hiervon streng zu scheiden ist selbstverständlich die Frage, wie weit die Gerichte den Stand der Technik bei der Auslegung innerhalb der Grenzen des Patentanspruchs zu berücksichtigen haben,

[85]) „Der Patentanspruch", S. 160 und 168.

namentlich wenn es sich um Äquivalente oder naheliegende Übertragungen und unvollkommene Nachahmungen handelt. Mit dem erwähnten Grundsatz würde nicht mehr das Patentamt, sondern der ordentliche Richter entscheidenden Einfluß auch auf die gegenständliche Tragweite haben. Das entspricht aber durchaus nicht dem wohlbegründeten Interesse der Industrie, namentlich nicht der für eine blühende Industrie wie für das Gemeinwohl unerläßlichen Rechtssicherheit.

Solange man sich darüber klar ist, daß der Patentschutz in erster Linie im Interesse der nationalen Industrie eingeführt worden ist, kann es einem Zweifel nicht unterliegen, daß die Tragweite des Patentschutzes schon bei der Patenterteilung möglichst unzweideutig und soweit auch rechtswirksam festgestellt werden muß. Nur wenn man den Standpunkt vertritt, daß der Patentschutz lediglich im Interesse der Erfinder — allenfalls noch im Interesse der Rechtsanwälte — eingeführt worden sei, kann man überhaupt auf den Gedanken verfallen, daß der Patentschutz über den bei der Patenterteilung vom Patentamt nach pflichtmäßigem Ermessen begrenzten Gegenstand hinaus ausgedehnt werden kann. Daß eine unzweideutige Festsetzung und möglichst sichere Umgrenzung des Patentschutzes schon bei der Patenterteilung möglich ist, unterliegt für den praktischen Techniker gar keinem Zweifel, solange er nicht eine irrtümliche Auffassung über Wesen und Bedeutung des Patentanspruchs hat.

Welche Wirkungen der Patentschutz äußert, ergibt zunächst das Patentgesetz. Dieses bietet also dem Richter die Möglichkeit, bei einem möglichst sicher umgrenzten Gegenstande der Erfindung zu sagen, worin der Schutzbereich des Patents besteht, insbesondere wie weit sich das Verbietungsrecht erstreckt, z. B. auch, ob durch ein Patent die Erzeugnisse mitgeschützt sind. Ein sicheres Hilfsmittel für die Abgrenzung des Schutzbereichs bietet auch die richtig verstandene Lehre von den Äquivalenten, naheliegenden Übertragungen und unvollständigen oder unvollkommenen Nachahmungen.

Die Prüfung des Standes der Technik ist in erster Linie Sache des Kaiserl. Patentamts sowohl im Erteilungsverfahren als auch im Nichtigkeitsverfahren. Niemand kann bestreiten, daß diese Prüfung die wesentliche Voraussetzung für die Erteilung eines Patents bildet, und daß sie zur Gewährung des Patentschutzes nach pflichtmäßigem Ermessen der Behörde unerläßlich ist. Desgleichen kann niemand bestreiten, daß das Patentamt zu einer Prüfung des Standes der Technik weit besser geeignet ist als der ordentliche Richter mit seinem Sachverständigen. Das Ergebnis der Prüfung des Standes der Technik findet seinen Niederschlag in der Patentschrift und seinen besonderen Ausdruck im Patentanspruch. Irrtümer in der Fassung des Patentanspruchs, soweit sie auf mangelhafter Prüfung des Standes der Technik beruhen, können nur im Nichtigkeitsverfahren und, wenn die Ausschlußfrist abgelaufen sein sollte, überhaupt nicht mehr beseitigt werden. So will es das Gesetz, und darüber kann sich kein Richter hinwegsetzen[86])!

Das Reichsgericht hat anerkannt, daß der Patentanspruch die gesetzliche Bedeutung habe, dasjenige anzugeben, was als patentfähig unter Schutz gestellt werden soll, sowie daß der Schutz nicht weiter reiche, als der klare Patentanspruch den Umfang des gewollten Schutzes zweifellos bestimmt[87]). Desgleichen hat das Reichsgericht anerkannt, daß unzweideutig erklärte Verzichte und absichtlich verfügte Einschränkungen rechtswirksam seien. Dahingegen hat das Reichsgericht anscheinend bis jetzt noch nicht den doch eigentlich naheliegenden Schluß gezogen, daß derjenige, welcher es unterläßt, alles das, was als patentfähig unter Schutz gestellt werden soll, genau anzugeben bzw. einen Patentanspruch darauf zu richten, doch seinerseits auf den nicht beanspruchten Teil mindestens stillschweigend verzichtet, sowie daß in der vom Patentamt festgesetzten oder gebilligten Fassung der Patentansprüche eine Beschränkung des Patentschutzes auf den Gegenstand dieser Patentansprüche zu erblicken ist. Sollte daneben etwa ein anderer Wille des Patentsuchers — gar in der Absicht, Teilschutz zu erschleichen —

[86]) Vgl. hierzu R. G. vom 27. Febr. 1911, Gewerbl. Rechtsschutz, Bd. 16, S. 327.

[87]) Vgl. z. B. R. G. vom 9. Dez. 1905 und vom 20. Jan. 1907, Zeitschrift für Industrie Bd. 2, S. 126.

in Betracht kommen, so dürfte dieser wohl schon wegen Nichtübereinstimmung mit dem Antrage auf Patenterteilung und dem dazu unerläßlichen Patentanspruch außer Betracht bleiben.

§ 6.

Aus dem Gesichtspunkt, daß der Wille des Anmelders einer Gesamtkonstruktion auch auf die Erlangung von Schutz für die einzelnen Teile gerichtet gewesen sei, scheint das Reichsgericht zu der Anschauung gekommen zu sein, daß das Patent für die Gesamtkonstruktion auch die einzelnen Teile decke, soweit dieselben für sich als neue Erfindungen anzuerkennen seien, wie dies in der Entscheidung[88]) vom 18. Januar 1890 zum Ausdruck gebracht worden ist. Wie bereits oben betont, liegt von dieser Entscheidung nur ein ganz kurzer Auszug aus den Gründen vor. Ohne Kenntnis der Entscheidungsgründe in ihrem ganzen Umfange und in ihrer Beziehung zum Tatbestande wird ein gewissenhafter Jünger der Rechtswissenschaft aber niemals so weitgehende Schlüsse ziehen, wie es bezüglich dieser auffallenden Äußerung des Reichsgerichts tatsächlich geschehen ist. Aus dem kurzen Auszuge, wie er im 9. Bande von Bolze unter Nr. 95 gegeben ist, kann man nicht einmal erkennen, ob es sich um eine die Entscheidung tragende Feststellung oder aber etwa nur um eine Nebenbemerkung gehandelt hat. Wer einen Auszug aus den Entscheidungsgründen unseres höchsten Gerichtshofes — obendrein noch losgelöst vom Tatbestande — benutzt, um etwas zu beweisen, der beweist nichts, sondern versündigt sich an der Rechtswissenschaft[89]).

Bei seiner Entscheidung vom 18. Januar 1890 scheint das Reichsgericht durch die prima facie allerdings bestechende

[88]) **Bolze**, Praxis des Reichsgerichts, Bd. 9, Nr. 95, S. 38/39.

[89]) Wohin ein solches verwerfliches Gebaren treiben könnte, ergibt sich mit verblüffender Deutlichkeit daraus, daß man die in meiner Schrift „Die Sachverständigen im deutschen Recht", Marburg 1911, S. 31, richtig behandelte Entscheidung des Reichsgerichts in Zivilsachen, Bd. 30, S. 394 f., ja zitieren könnte, um zu zeigen, daß der sachverständige Zeuge als solcher sowohl den Zeugeneid als den Sachverständigeneid zu leisten habe.

Lehre Kohlers vom Teilschutz irregeleitet worden zu sein. Nachdem das Reichsgericht aber bei der Entscheidung vom 2. März 1912 gegenüber Kohlers Lehre von der Äquivalenz[90]) den richtigen Standpunkt gefunden hat, ist auch begründete Hoffnung vorhanden, daß es bezüglich der Frage des Teilschutzes im Ernstfalle zu einer anderen Anschauung kommen wird als Kohler. Auch hier dürfte sich denn doch wohl die Macht der Tatsachen und das wohlverstandene Interesse der nationalen Industrie stärker erweisen als alle Weisheit der Theorie, besonders wenn die trefflichen Gesichtspunkte von Damme[91]) erst weitere Verbreitung und die rechte Würdigung gefunden haben, also der Erfindungsschutz im Sinne nationaler Volkswirtschaft behandelt wird.

Kohler geht bekanntlich vom Erfinderrecht aus zur Begründung des Patentrechtes. Nach ihm geht das Erfinderrecht aus der Erfindung hervor wie das Autorrecht aus der Autorschöpfung. Über diesen Gedanken läßt sich schon gar trefflich streiten, aber für den Praktiker wird das ein müßiges Spiel bleiben, solange das Patentgesetz — die Quelle des deutschen Patentrechts — nicht anerkennt, daß das Erfinderrecht die Kausa sei, welche als Rechtsfolge den Patentschutz nach sich zieht. Das wird aber hoffentlich — trotz der Stettiner Beschlüsse — ein Traum der ganz Modernen bleiben, dem eine blühende Industrie als reale Wirklichkeit gegenübersteht. Die nationale Industrie war weder für Hartig, wie Kohler[92]) meint, noch ist sie für

---

[90]) Nach Kohler müssen viele Dinge als Äquivalente lediglich deshalb angesprochen werden, weil sie unter den Patentschutz fallen sollen; nach richtiger Ansicht fallen nur solche Dinge, und zwar diese ganz zwanglos, unter das Patent, welche wirklich Äquivalente sind. Im höchsten Grade auffällig ist es, daß Kohler ganz entgegen seiner früheren hohen Meinung von Hartig neuerdings gefordert hat, Hartig einfach beiseite zu schieben. In diesem Zusammenhange spricht er von der großen Gefahr, daß die ganze Lehre von den Äquivalenten einfach weggeblasen werde, ferner davon, daß diese Lehre scheu ihr Haupt verhüllen müsse, sowie daß man dem Erfinderrecht gleich die Totenglocke läuten könne. (Gewerbl. Rechtsschutz, 1912, S. 164.)

[91]) Der Schutz technischer Erfindungen als Erscheinungsform moderner Volkswirtschaft, Berlin 1910.

[92]) Gewerbl. Rechtsschutz, 1912, S. 164.

irgendeinen verständigen Technologen ein toter Schemen, sondern gerade das lebensvolle Bild, welches einer zweckmäßigen Entwicklung des deutschen Patentrechts die Bahn weist. Erfinderrecht und Patentrecht sind nun einmal verschiedene Dinge und scharf auseinanderzuhalten, mögen sie sich auch in noch so vielen Punkten berühren. Der Patentschutz beruht auf der Erteilung durch die dafür allein zuständige Behörde und ist nicht etwa Rechtsfolge der Erfindungstat. Der Gesetzgeber hat es ja sogar ausdrücklich abgelehnt, mit einer Einführung des wirklichen Erfinders in das Gesetz gegen dessen System zu verstoßen[93]).

Das wird von Kohler nicht gebührend berücksichtigt. Als Fürst der Wissenschaft glaubt er wenigstens manchmal sagen zu können: „Sic volo, sic jubeo." Wohl muß man rückhaltslos anerkennen, daß Kohler sich seiner Aufgabe, das Patentrecht auf das Erfinderrecht zu stützen, mit außerordentlichem Fleiß und Geschick unterzogen hat, wenn er in wesentlichen Punkten auch zum Teil falsch beraten worden ist. Eine gebührende Anerkennung von Kohlers unbestreitbaren Verdiensten um das Patentrecht darf aber nicht dazu führen, daß man einfach übersieht, wie sein Lösungsversuch tatsächlich vorhandener Schwierigkeiten an dem klar und unzweideutig zum Ausdruck gelangten Willen des Gesetzgebers scheitern muß.

Im übrigen aber braucht man nur einen recht modernen Kommentar des Patentgesetzes in die Hand zu nehmen, um aus dem wirren Durcheinander von Erfinderrecht und Patentrecht zu erkennen, daß die Begründung des Patentrechts aus dem Erfinderrecht Gefahr mit sich bringt, und wie sehr das deutsche Patentrecht gelitten hat, weil es seinem natürlichen Boden — der nationalen Volkswirtschaft — im Lauf der Jahrzehnte immer mehr entfremdet worden ist[94]). Dabei ist allerdings mit in Erwägung zu ziehen, daß die von Kohler[95]) selbst befürwortete philosophische Durchbildung als Grundlage einer feineren Ausgestaltung des Patentrechts im allgemeinen ebenso fehlt wie

[93]) Bericht der XI. Reichstagskommission, 1891, S. 7.

[94]) Vgl. Damme, a. a. O., Vorbemerkung, S. V und VI.

[95]) Lehrbuch des Patentrechts, 1908, S. 14/15.

eine auch nur annähernd ausreichende technische Ausbildung der modernsten Kommentatoren. Gerade in Verbindung mit dem Mangel technischer Ausbildung[96]) der Juristen wirkt der Mangel an gründlichen Kenntnissen der formalen Logik folgenschwer. Wie nur derjenige eine Sprache ganz beherrscht, der auch ihre Grammatik mit Erfolg studiert hat, so wird auch nur derjenige die unabänderlichen Denkgesetze mit voller Sicherheit handhaben, der sich ihrer bewußt ist. Wie andererseits ein Richter, der die Erfahrungssätze[97]) der Technik erst von seinem sogenannten Sachverständigen bezieht, gar leicht zu einem Fehlspruch gelangen wird, so wird auch der Jurist ohne gründliche technische Durchbildung auch beim Patentrecht leicht Irrtümern unterliegen, die schon hochangesehene Techniker und Erfinder veranlaßt haben, vor einer Mitwirkung der Juristen bei der Ausbildung des Patentrechts zu warnen[98]), soweit es sich um mehr als die formale Seite handelt.

Im Widerspruch mit § 4 und § 20 des Patentgesetzes geht Kohler von der Auffassung aus, daß dem Patentinhaber nicht nur der Gegenstand der Erfindung und die Akzessorien, sondern der Erfindungsgedanke oder die Lösungsidee geschützt sei. Das ist denn auch ein Stützpunkt geworden, an den sich Wirth und Isay bei ihren durchaus verfehlten Angriffen gegen das noch heute im Patentamt geltende System Hartigs anlehnen, indem sie nun wenigstens mit dem Schein der Berechtigung erklären, daß eine sichere Abgrenzung der Tragweite des Patents im Erteilungsverfahren unmöglich sei, weil der Vorprüfer nicht im voraus schon alle möglichen Lösungen der Aufgabe, welche auf dem gleichen Lösungsgedanken beruhen, ermitteln könne. Kohler geht davon aus, daß die Lösung eines Problems patentierbar sei. Der Erfindungsgedanke oder Lösungsgedanke soll darin bestehen, daß man die Mittel angibt, um das Problem zu verwirklichen. Mit einer einzigen solchen Durch-

---

[96]) Vgl. meinen Aufsatz in der Zeitschrift für Industrierecht vom 15. Mai 1913.

[97]) Vgl. Stein, Das private Wissen des Richters, 1893, S. 16 ff.

[98]) z. B. Werner Siemens und Kollmann, vgl. Stenographische Berichte der Sachverständigen-Enquete, 1887, S. 86, 87 und 155.

führungsform soll die Erfindung vollendet sein und nun den Lösungsgedanken mit allen Verwirklichungen decken[99]). Kohler führt aus, daß der Lösungsgedanke durch verschiedene Durchführungsgedanken hindurchgehen könne, und entwickelt seine genealogische Reihenfolge, die vom Lösungsgedanken bis zur gegebenen Verwirklichungsform desselben herunterführt.

Da soll denn der Erfindungsgedanke auch im Patentrecht alles beherrschen, was unter ihm steht, oder mit anderen Worten ausgedrückt, soll die in der genealogischen Reihe oben stehende Problemlösung dem Erfinder das Recht auf diese samt allen Ausläufern geben. Das geht denn aber doch zu weit, und dagegen muß im wohlverstandenen Interesse der nationalen Industrie wie im öffentlichen Interesse überhaupt scharf Stellung genommen werden, damit nicht eine blühende Industrie zum toten Schemen werde. Richtig ist, daß eine Verwirklichungs- oder Ausführungsform Voraussetzung der Patenterteilung ist; denn mit ihr liegt überhaupt erst ein schutzwürdiges Rechtsgut, ein schutzfähiger Gegenstand der Erfindung vor. Darauf aber mit voller Klarheit hingewiesen zu haben, ist das unauslöschliche Verdienst Hartigs. Dieser hat schon bei den Verhandlungen der Sachverständigen-Enquete 1886 dagegen gesprochen, daß der Patentsucher bei der Anmeldung etwa seine Erfindung in vollem Umfange zu beschreiben habe, und gerade er hat die Forderung aufgestellt, daß die Erfindung ihrem begrifflichen Inhalt nach und mindestens in einer Ausführungsform vollständig beschrieben werde.

Aus dem einfachen Umstande, daß der Patentsucher eine Durchführungsform seiner Erfindung beschrieben hat, läßt sich doch nicht so ohne weiteres der Schluß ziehen, daß ihm nun auch alle anderen Ausführungsformen desselben Lösungsgedankens geschützt seien, wohl aber, daß ihm der in einen technologischen Begriff gefaßte Gegenstand der Erfindung, also die dargelegte Durchführungsform samt allen gleichwertigen Ausführungsformen geschützt werden soll. Gerade weil bei der Beschränkung des Patentschutzes auf die in der Patentschrift

[99]) Kohler, Handbuch, 1900, S. 147, und Lehrbuch, 1908, S. 38.

dargelegte Ausführungsform des Lösungsgedankens das Patent wertlos sein würde, und weil andererseits die Verwendung gleichwertiger Ausführungsformen für den Techniker selbstverständlich ist, kam Hartig zu seiner Forderung der technologisch-begrifflichen Erfassung des Gegenstandes der Erfindung[100]. Darüber etwa hinauszugehen — soweit nicht akzessorische Schutzwirkungen nach dem Patentgesetz selbst eintreten — liegt aber auch gar keine Veranlassung vor. Das Patent soll nicht zu einer ungerechtfertigten Ausbeutung der Industrie führen, indem es außer etwaigen Gleichwerten dem Patentinhaber Anspruch auf etwas gibt, was zur Zeit der Anmeldung noch gar nicht bekannt war. Alles dasjenige, dessen Anwendung dem sachverständigen Techniker auch nach der Bekanntgabe der Erfindung nicht unmittelbar auf Grund seiner Sachkunde begreiflich oder anwendbar geworden ist, sollte aus dem Schutzbereich ausgeschieden werden; denn das Patent wird als Entgelt für die rückhaltslose Offenbarung der Erfindung erteilt, aber nach dem Willen eines weisen Gesetzgebers aus Rücksicht auf das öffentliche Interesse nur für den Gegenstand der Erfindung. Das Gegenteil anzunehmen wäre offensichtlich ungerechtfertigt. Es bedeutete dem Patentanmelder ohne dessen eigenes Verdienst auf Grund einer formalistischen Anschauung ein gewerbliches Kampfmittel zum Schaden der Allgemeinheit in die Hand geben, wie sich der oberste Gerichtshof ausgedrückt hat, als er die richtige Stellung zu Kohlers Äquivalenzlehre einnahm.

Weil das Patent nur als Entgelt für die frühzeitige Bekanntgabe der Erfindung und nicht etwa nur als Lohn für die Erfindungstat erteilt wird, ist auch nicht der geringste Grund vorhanden, dem Patentsucher mehr zu gewähren, als was er zur Zeit der Anmeldung erfunden, als erfunden erkannt, in der Patentschrift dargelegt und im Patentanspruch als dasjenige,

[100]) Vgl. Stenographische Berichte, 1887, S. 159. Diese Feststellung wirft ein eigenartiges Licht auf die modernen Angriffe gegen Hartig. Man sieht klar, in welchem öden Kreise sich seine Gegner bewegen, insbesondere, wie sie Hartig erst zu verkleinern suchen, um dann den edlen Kern seiner Anschauung zu benutzen, um sich gegenseitig berühmt zu machen. Difficile est satiram non scribere.

was unter Schutz gestellt werden soll, zum Ausdruck gebracht hat[101]). Was darüber hinausgeht, mag vom Standpunkt einer allgemeinen Erfinderrechtslehre noch so berechtigt erscheinen, darf aber nicht ohne weiteres in das auf der Reichsgesetzgebung beruhende Patentrecht hineingetragen werden. Es hat im Gesetz nicht nur keine Stütze, sondern läuft dem Sinn und Zweck der deutschen Patentgesetzgebung unmittelbar zuwider. Der Patentschutz ist in erster Linie im Interesse der nationalen Industrie, dieses Hauptfaktors nationaler Volkswirtschaft, eingeführt worden.

Als bewährter Vorkämpfer für den deutschen Patentschutz betonte Dr. Klostermann bei den Verhandlungen der Sachverständigen-Enquete 1876 ganz besonders, daß der Patentschutz vorzugsweise der nationalen Industrie dienen solle und deshalb Mittel erfordere, bei denen die Vorteile die Nachteile bei weitem überholen[102]). Auch in den Motiven zum ersten Reichsgesetz war dieser Gesichtspunkt zum Ausdruck gekommen, wie denn überhaupt der Umschlag der zeitweise gegen jeden Patentschutz gerichteten Stimmung wesentlich auf den Gedanken zurückzuführen ist, daß die dem Patent zugrundeliegenden Erfindungen alsbald der ganzen Industrie bekannt gegeben und schon mit dem Eintritt des Patentschutzes zum Ausgangspunkt neuer Bestrebungen werden sollten. Wenn in den Motiven zum geltenden Patentgesetz auch gesagt worden ist, daß dem Erfinder die Frucht seiner Arbeit gesichert und dadurch zugleich der Anreiz zum geistigen Schaffen verstärkt werden solle, so wurde doch auch dabei hervorgehoben, daß die Bewegungsfreiheit der Industrie nicht ohne Not gehemmt werden dürfe. Der Erfinder sollte danach auch nur soweit geschützt werden, als es mit den Interessen der nationalen Industrie verträglich ist. Niemals darf außer acht gelassen werden, daß der Patentinhaber mit seiner Kundgebung der Erfindung für die Gesamtheit etwas geleistet haben soll, wofür ihm das zeitweilige Ausschlußrecht als

---

[101]) Einen entsprechenden Standpunkt hat, wenn ich mich recht erinnere, der verdienstvolle erste Kommentator des geltenden Patentgesetzes, Seligsohn, in der ersten Auflage eingenommen und damit auch Anklang gefunden, bevor das „Licht moderner Rechtsideen" aufgegangen war.

[102]) Stenographische Berichte, S. 6 und 7.

Entgelt gewährt wird. Als Gegenleistung für die Offenbarung einer vorteilhaften Erfindung sollte demnach auch nur Schutz für dasjenige in Betracht kommen, was der Erfinder tatsächlich erfunden hat und der Sachverständige dessen Offenbarung ohne weitere erfinderische Tätigkeit entnehmen kann. Das aber ist der Gegenstand der Erfindung in seiner von Hartig begründeten technologisch-begrifflichen Fassung. Solange man die vom Gesetzgeber gezogenen Grenzen des Schutzrechts beachtet, kann kein Zweifel darüber bestehen, daß das Patent nicht alle möglichen Durchführungsformen der Lösungsidee, sondern eben die beschriebene Durchführungsform nebst allen gleichwertigen Ausführungsformen schützen kann.

Nur auf die wirklichen Gleichwerte, die ein verständiger Techniker ohne Schwierigkeit als solche erkennen wird, kommt es an, nicht etwa auf die sogenannten patentrechtlichen Gleichwerte. Eine solche Bezeichnung ist von vornherein irreführend, da ganz selbstverständlich die Frage der Äquivalenz vom Standpunkt des Patentrechts zu beurteilen ist, insofern also sogar nur patentrechtliche Äquivalente in Betracht kommen. Es geht deshalb nicht an, für eine besondere Art von Dingen, die gar nicht wirkliche Äquivalente sind, sondern nur auf Grund einer formalistischen Auffassung sein sollen, damit sie unter das Patent fallen, den Ausdruck patentrechtliche Äquivalente zu verwenden. Daraus ist schon große Verwirrung entstanden. Mißverständnisse werden dadurch geradezu künstlich gezüchtet. Der rein formalistischen Auffassung im Patentrecht hat das Reichsgericht am 2. März 1912 ein vernichtendes Urteil gesprochen, als es sehen mußte, wohin sie geführt haben würde. Kohler ist bezüglich dieses Urteils einem Irrtum unterlegen, wenn er etwa gemeint haben sollte, daß tatsächlich die ganze Lehre von der patentrechtlichen Äquivalenz weggeblasen werden könne, wenn man Hartig nicht beiseite schiebe. Nicht eine richtig verstandene, sondern lediglich die sogenannte patentrechtliche Äquivalenz steht in Gefahr, scheu ihr Haupt verhüllen zu müssen[103]). Sie

[103]) Vgl. Kohler im Gewerbl. Rechtsschutz, 1912, S. 164.

allein kann durch das Urteil vom 2. März 1912 angeblasen worden sein.

Wäre Kohlers Theorie von der patentrechtlichen Äquivalenz richtig, so hätte das Reichsgericht aus dem Patent Nr. 118892 den Schluß ziehen können, daß nicht nur ein Gemisch von Zement und Öl, sondern auch das Gemisch aus Sand und Öl als Staubabsorbierungsmittel geschützt worden sei, weil eben Sand im Sinne Kohlers als Äquivalent des Zements anzusprechen sein würde. Kohler will in diesem Sonderfalle seine Äquivalenzlehre scheinbar damit retten, daß er sagt, ein infolge der Verjährungsfrist aus einer Nichterfindung hervorgegangenes Scheinpatent müsse natürlich ebenfalls nach dem Stande der Technik zur Zeit der Anmeldung beurteilt werden. Dabei sei alles, was als Erfinderidee über die Fassung des Patents hinaus konstruiert werden könnte, abzustreichen. Nur die letzte Verwirklichungsform mit den unentbehrlichen Äquivalenten solle übrig bleiben und das Patent in dieser verstümmelten Form zu Recht bestehen als ein aus dem Akt der freiwilligen Gerichtsbarkeit ohne die sonst nötige zivilrechtliche Grundlage geschaffenes Recht[104]). Dem steht aber doch der unzweifelhafte Wille des Gesetzgebers entgegen, der das Patent nach einer Präklusivfrist von fünf Jahren seit der Erteilung rechtsbeständig sein lassen will, auch wenn im Erteilungsverfahren der mit der fortschreitenden Zeit immer schwerer zu beurteilende Stand der Technik nicht vollständig berücksichtigt sein sollte und ein Nichtigkeitsantrag nicht rechtzeitig gestellt worden ist. Dem liegt doch der an sich ganz verständige Gedanke zugrunde, daß die beteiligten Kreise sich rechtzeitig rühren oder aber die Folgen ihrer eigenen Säumnis tragen sollen.

In dem konkreten Falle des Patents 118 892 handelt es sich um ein im Sinne Kohlers als Äquivalent anzusprechendes Mittel, welches vor der Anmeldung des Patents bereits Gemeingut gewesen war und möglicherweise die Erteilung des Patents verhindert haben würde, wenn es dem Patentamt bekannt geworden wäre und dieses auch nicht etwa in der Verwendung

---

[104]) a. a. O., S. 172.

von Zement statt Sand einen die Patentfähigkeit begründenden technischen Fortschritt erblickt haben sollte.

Da das Patent aber erteilt und auch im Wege der Nichtigkeitsklage nicht wieder beseitigt worden ist, so besteht es für das Gemisch von Öl und Zement mit dessen wirklichen Gleichwerten zu Recht. Besteht es aber zu Recht, so darf es auch im Verletzungsstreit seiner Wirksamkeit nicht durch die Feststellung entkleidet werden, daß es im Hinblick auf das zur Zeit der Anmeldung wirklich Vorbekannte gemäß § 2 nicht hätte erteilt werden sollen. Daraus ergibt sich, daß im Falle des Patents 118 892 der Patentschutz auf die Verwendung von Öl und Zement mit dessen richtig verstandenen Gleichwerten gerichtet ist. Wenn in diesem Falle die Sachverständigen einstimmig der Ansicht gewesen sind, daß der Sand als Äquivalent des Zements zu gelten habe, so könnte man daraus allenfalls schließen, daß die gerichtlichen Sachverständigen nicht notwendig auch wirkliche Sachverständige sind. Angesichts des manchmal allerdings recht schwierigen Gebiets der patentrechtlichen Äquivalenz wird man aber gut tun, aus diesem konkreten Falle nicht gar zu weitgehende Schlüsse zu ziehen, wohl aber zu erwägen, ob man so außerordentlich schwierige Unterscheidungen nicht doch besser der patenterteilenden Behörde mit ihren eigenen Sachverständigen als den ordentlichen Gerichten mit ihrem recht fragwürdigen Sachverständigeninstitut überlassen soll. Welche Verwirrung sich ob der an sich höchst verständigen Entscheidung des Reichsgerichts der Patentrechtsanwälte bemächtigt hat, kann man aus deren Kritik dieser Entscheidung erkennen.

Das Reichsgericht hat den an sich richtigen und auch das Rechtsgefühl befriedigenden Ausweg gefunden, daß es in diesem Falle den Sand nicht als Äquivalent des Zements angesprochen hat, und dieser Ausweg aus den bei rein formalistischer Auffassung der Äquivalenz vorhandenen Schwierigkeiten war durchaus gangbar; denn von der Verwendung des Zements an Stelle von Sand im Gemisch mit Öl als Staubabsorbierungsmittel ist sehr wohl ein weitergehender technischer Fortschritt zu erwarten gewesen. Demnach enthält die Beschränkung des

Patents 118 892 auf Zement im Gegensatz zu Sand durchaus nichts Widersinniges, sondern liegt in den Grenzen sachverständiger Beurteilung. Zudem aber läßt diese Beschränkung dem Patent ja auch die Wirksamkeit für den in seinem Patentanspruch ganz klar bezeichneten Gegenstand der Erfindung. Einen davon unabhängigen hohen Wert hat diese Reichsgerichtsentscheidung noch insofern, als es dem Patent die nach seinem Anspruch klar erkennbare Tragweite auf das Gebiet beschränkt hat, welches zur Zeit der Anmeldung noch frei war. Insofern stellt es eine recht glückliche Überwindung derjenigen Schwierigkeiten dar, welche naturgemäß aus der fünfjährigen Präklusivfrist für den Nichtigkeitsantrag entstehen können und voraussichtlich auch dazu führen werden, die Nichtigkeitsklage für die ganze Dauer des Patents wieder zuzulassen[105]).

Kohler[106]) sagt vom Erfinderrecht — also gilt es in seinem Sinne auch vom Patentrecht —, daß es stets die bewährte Marschroute befolge, der Menschheit niemals etwas zu nehmen, sondern nur etwas Neues, bevor es Gemeingut der Menschheit wird, dem Erfinder eine Zeitlang vorzubehalten. Insofern also hat Kohler allen Grund, mit der vom höchsten Gerichtshof getroffenen Entscheidung einverstanden zu sein und seine formalistische Auffassung von patentrechtlichen Äquivalenten einer wohlwollenden Nachprüfung zu unterziehen, was um so erfreulicher wirken würde, wenn er dabei zugleich seine verlorene Wertschätzung Hartigs wiederfinden sollte. Eine rein formalistische Auffassung der Äquivalenz ist nicht minder verfehlt wie die Anschauung, daß die in Kohlers genealogischer Reihe obenstehende Problemlösung dem Erfinder das Recht auf die Problemlösung samt allen ihren Ausläufern gebe.

Die Entscheidung des Reichsgerichts vom 2. März 1912 ist auch noch aus dem Gesichtspunkte von besonderem Interesse, als sie zeigt, daß ein Patent nicht unter allen Umständen eine unvollkommenere Ausführung schützen kann, auf die man ja aus der Verwendung von Sand statt Zement schließen könnte.

[105]) Vgl. meinen Aufsatz in Glasers Annalen 1913, Heft 11.
[106]) Gewerbl. Rechtsschutz, 1912, S. 166.

Man sieht also, daß auch eine formalistische Auffassung für die unvollkommene Nachahmung nicht Platz greifen darf. Bei der von der Frage der Äquivalenz scharf zu unterscheidenden unvollkommenen Nachahmung ist ebenso wie bei jener stets von Fall zu Fall zu prüfen, wie weit der Patentschutz im konkreten Falle reicht.

Insbesondere darf man aber unvollkommene oder unvollständige Nachahmung nicht mit dem Schutz von Teilerfindungen oder Erfindungsteilen vermengen oder gar Äquivalenz und Teilschutz durcheinanderwerfen. Andererseits ist niemals außer acht zu lassen, daß Klarheit und Rechtssicherheit wie im Interesse der Allgemeinheit so auch im Interesse des Patentsuchers liegen, und daß letzterer es von vornherein in der Hand hatte, etwaige Einzelerfindungen oder schutzfähige Erfindungsteile schon während des doch recht ausgedehnten Erteilungsverfahrens unter besonderen Schutz stellen zu lassen. Die Kosten für eine solche zweckentsprechende und im öffentlichen Interesse nur erwünschte Ausgestaltung und möglichst sichere Begrenzung der Schutzrechte kommen gegenüber den erfahrungsmäßig recht hohen Kosten moderner Patentprozesse und ihren empfindlichen Opfern an Zeit und Arbeit gar nicht in Betracht. Dazu kommt, daß der für die modernen Patentprozesse selbstverständlich geltende Anwaltszwang manchmal recht seltsame Blüten und den verständigen Techniker zur Verzweiflung treibt, wenn er zusehen muß, wie die allereinfachste Sache von der Welt im Handumdrehen zu einem fast unentwirrbaren Knoten verschlungen wird.

Das alles ist im wesentlichen die Folge davon, daß bei der Patenterteilung nicht schon eine allerseits als rechtswirksam anerkannte, möglichst scharfe Abgrenzung des Schutzbereichs in bezug auf die gegenständliche Tragweite erfolgt. Zu dieser muß auch der etwaige Teilschutz gerechnet werden, da er im Gesetz nicht besonders geregelt und für ihn ein jus praeter legem anzuerkennen keinerlei Bedürfnis vorliegt. Einem in dieser Beziehung aber drohenden Gewohnheitsrecht wird der Gesetzgeber im Interesse der nationalen Industrie bei der bevorstehenden Revision des Patentgesetzes zweckmäßig einen Riegel vorschieben.

Dabei ist in erster Linie zu erwägen, daß ja doch auch nicht der geringste Grund vorhanden ist, den Patentschutz nachträglich im Verletzungsprozeß auf Dinge auszudehnen, welche der Patentsucher bei der Anmeldung nicht in der gesetzlichen Form des Patentanspruchs zum Ausdruck gebracht hat und die der amtlichen Prüfung nicht unterlegen haben, also auch vom Patentamt gar nicht gewährt sein können. Der etwaigen Furcht vor den monströsesten Patentansprüchen ist die Gefahr noch weit monströserer Klageansprüche entgegenzustellen. Übrigens wird das Patentamt mit monströsen Patentansprüchen ganz gut fertig, weil es dabei erfahrungsgemäß gar nicht aus der Übung herauskommt.

Vom Patentsucher kann man die Aufstellung besonderer Patentansprüche unbedenklich fordern. Dieser befindet sich der Gesamtheit gegenüber ohnehin in der überaus günstigen Lage, daß er nach der ersten Anmeldung, welche ja meistens recht weitgehend gefaßt zu werden pflegt, während der amtlichen Prüfungszeit in aller Ruhe die Sachlage reiflich und vollständig erwägen kann, bevor seine Erfindung bekannt gegeben wird. Nach § 20 Abs. 3 P.G. sind bis zum Beschlusse über die Bekanntmachung Abänderungen zulässig. Er kann sogar selbständige Erfindungsteile oder Teilerfindungen in besonderen Anmeldungen mit der ursprünglichen Priorität behandeln oder aber den einen oder anderen Teil fallen lassen, jedenfalls aber den beim Patentamt erreichbaren Schutz so ausgestalten, wie es für seine Sonderzwecke am günstigsten erscheint. Wenn er sich allerdings bei der Patenterteilung selbst noch nicht klar ist, was er eigentlich erfunden hat und als patentfähig beanspruchen kann, so dürfte sein der Gesamtheit mit der Offenbarung geleisteter Dienst auch nur so groß sein, um ein durch die von ihm selbst beantragten und vom Patentamt gewährten Patentansprüche begrenztes Ausschließungsrecht als völlig ausreichendes Entgelt für die in der Offenbarung liegende Gegenleistung erscheinen zu lassen. Dazu kommt noch, daß nach dem Geist der deutschen Patentgesetzgebung die Erfindung schon mit ihrer Offenbarung auf die nationale Industrie befruchtend wirken und zu weiteren Bestrebungen anregen soll.

Man braucht deshalb zwar noch nicht, wie es Hartig fälschlich zugeschrieben worden ist, zu einer völligen Verneinung des Teilschutzes zu kommen, wohl aber ist die von Hartig gegebene Anregung durchaus dazu angetan, doch einmal zu prüfen, ob der oft genug mit beiden Füßen auf den Schultern seiner Vorgänger stehende Erfinder nicht durch seine Benutzung des vor seiner Erfindung schon Vorhandenen reichlich entschädigt wird für dasjenige, was er bei Versagung eines Teilschutzes im Verletzungsprozeß etwa ohne Entschädigung an die Gesamtheit abzugeben haben würde[107]). Vom Standpunkt de lege ferenda dürfte insbesondere auch eine Erwägung im Sinne Klostermanns[108]) angebracht sein, ob die nachträgliche Anerkennung eines vom Patentanmelder nicht besonders beanspruchten, vom Patentamt nicht geprüften und auch in den gewährten Patentschutz nicht besonders einbezogenen Teilschutzes nicht als ein den erreichbaren Vorteil weitaus überholender Nachteil anzusprechen ist, also ein dem Geist der deutschen Patentgesetzgebung nicht entsprechendes Mittel darstellt. Nach Hartig würde es sogar unter Umständen als ein Mittel gelten müssen, welches den guten Kern des Patentschutzes tief in den Schatten zu stellen geeignet ist. Um jedem Mißverständnis vorzubeugen, ist hier aber wohl zu berücksichtigen, daß Hartig unter Umständen sehr wohl eine Befugnis des Prozeßrichters, im konkreten Falle Schutz eines einzelnen wichtigen Bestandstückes der Erfindung nach freier Überzeugung zu gewähren, anerkannt hat[109]).

Schanze[110]) hat eine entsprechende Erwägung de lege ferenda schon beim Kombinationspatent gestreift, wo er den Ausweg erwähnt, zu sagen: „Bloß die patentierte Kombination wird geschützt, den nicht patentierten Kombinationselementen und Unterkombinationen bleibt jeder Schutz versagt." Schanze meint, dann wäre die Unsicherheit über Umfang und Tragweite des Patentschutzes beseitigt um den Preis einer ganz wesentlichen

[107]) Hartig, Studien, S. 164.

[108]) Stenographische Berichte der Enquete 1876, S. 6f.

[109]) „Zur Markscheidekunst der Patentverwaltung", Zivilingenieur, Bd. 42, Heft 6.

[110]) „Das Kombinationspatent", Berlin, 1910, S. 197.

Beeinträchtigung des Patentinhabers. Dieser Preis aber sei zu hoch, das Interesse des Patentinhabers verdiene den Vorzug, die Unsicherheit über den Umfang des Patentschutzes sei wohl das kleinere Übel. Jede Äußerung dieses hervorragenden Forschers auf dem Gebiet des deutschen Patentrechts verdient umso eher Beachtung, als er nicht in den modernen Ruf, Hartig einfach beiseite zu schieben, einstimmt, sondern in ruhiger Beurteilung dessen hohe Bedeutung nach wie vor zu würdigen weiß. Aber auch diesem Vorbilde echter Rechtswissenschaft und Beherrscher der ewigen Denkgesetze des Systems formaler Logik kann in technischen Dingen ein Irrtum unterlaufen, und ex errore magis nascitur veritas quam ex confusione. Betrachtet man die Sache aus praktischen Gesichtspunkten, wie sie der deutschen Patentgesetzgebung zugrunde liegen, und im Hinblick auf das wohlverstandene Interesse der nationalen Industrie, so ergibt sich, daß die Anerkennung eines bei der Patenterteilung nicht besonders berücksichtigten Teilschutzes mindestens überflüssig erscheinen muß. Dabei braucht man sich doch nur auf den eigentlich ganz selbstverständlichen Standpunkt zu stellen, daß derjenige, welcher den ihm von einem weisen Gesetzgeber gebotenen Weg zur Sicherung von Teilschutz mißachtet oder gar aus Berechnung verschmäht hat, keinen Anspruch auf besondere Rücksicht erheben kann. Das gilt auch von dem etwaigen Versuch des Patentinhabers, nachträglich im Zivilprozeß noch Sonderschutz zu erlangen, an den er zur Zeit der Patentanmeldung vielleicht noch gar nicht gedacht hat.

Der im Zivilprozeß an sich so streng befolgte Grundsatz „ne eat judex ultra petita" könnte doch wenigstens soweit Anerkennung finden, als man den Patentinhaber auf das von ihm beim Patentamt nur gestellte Begehren beschränkte. Ein solches Verfahren würde nicht nur zur Klarheit und Rechtssicherheit führen, sondern auch in hohem Maße erzieherisch wirken. Auf alle Fälle aber würde der unwürdige Zustand beseitigt werden, daß der Patentinhaber im Zivilprozeß etwas verlangen kann, was er im Patenterteilungsverfahren vielleicht nur deshalb nicht beantragt hat, weil er Angst hatte, daß die Frage der Patentfähigkeit dabei geklärt und der Patentschutz ausdrücklich verweigert werden würde. Kohler[111]) nähert sich der richtigen Behandlung schon ganz bedeutend, wenn er sagt, daß das Patent als Akt der freiwilligen Gerichtsbarkeit nur soweit Bedeutung haben kann, als die entsprechende Erklärung einer Person die öffentliche Tätigkeit des Staates nachsucht. Eine solche Erklärung des Patentsuchers aber kann im Hinblick auf § 20 (P.G.) nicht schon in irgendwelchen Angaben der Beschreibung, sondern erst in der genauen Bezeichnung desjenigen erblickt werden, was als patentfähig unter Schutz gestellt werden soll.

In der Aufstellung der gerade so und nicht anders gefaßten Patentansprüche und ebenso in der Bewilligung solcher liegt doch eine unzweideutige Beschränkung auf den betreffenden Gegenstand der Erfindung, zu welchem zwar die richtig verstandenen Äquivalente, aber keineswegs Kombinationselemente oder Unterkombinationen gehören, welche in den Patentansprüchen als patentfähig nicht besonders angegeben worden sind.

§ 7.

Der am Schlusse von § 6 angedeuteten Annäherung Kohlers an eine richtige Behandlung des Teilschutzes steht leider auf der anderen Seite eine gar seltsame Annäherung an den Standpunkt von Wirth und Isay gegenüber, die gar viel zu denken gibt und vielleicht aus der Stellung dieser drei zu Hartig als einem rocher de résistance gegen die Verkehrtheiten der modernen Patentrechtslehre erklärt werden darf. Für Kohler kann dabei als mildernder Umstand angeführt werden, daß er Wirth für einen mindestens ebenso großen Technologen zu halten scheint, wie Hartig tatsächlich einer gewesen ist. Wirth gilt ja auch in weiten Kreisen als hervorragender Patentanwalt[112]), von dem man erwarten darf, daß er die Technologie wie das Patentrecht ebenso beherrscht, wie er als Doctor philosophiae die Denkgesetze der formalen

---

[111]) Lehrbuch, S. 166.

[112]) Vgl. Bolze, Aus dem Patentrecht, Festschrift, Leipzig.

Logik meisterhaft handhaben sollte. Hinzu kommt, daß Wirth meistens mit geradezu verblüffender Sicherheit aufzutreten pflegt, die freilich nicht mehr standzuhalten vermag, wenn man bei ihm einer Sache auf den Grund geht, in welchem Falle er sich flugs darauf beruft, daß man ihn noch gar nicht verstanden habe. Auf diese Weise ist schon mancher sonst klarsehende Forscher sozusagen hypnotisiert worden.

Bei einem leichten Angriff gegen seine Irrlehren hat Wirth kürzlich den Vorwurf[113]) erhoben, gegen die im „Patentanspruch" von Dr. Wirth und Dr. Isay, S. 181 ff., gegebene Schilderung des tatsächlich im Patentamt geübten Verfahrens und die Tatsachenanalyse, welche eine vollständige Neuheitsprüfung verbiete, habe noch niemand Stellung genommen und auch jetzt nicht Herr Dr. Häberlein."

Nach den obigen Darlegungen über Äquivalente und Teilschutz dürfte der „methodische" Standpunkt von Dr. Wirth, dessen Widerlegung er bisher vermißt hat, einer solchen eigentlich gar nicht mehr bedürfen. Doch scheinen einige Punkte noch besonderer Erwähnung wert zu sein, um den ganzen Standpunkt für den Unbefangenen in das rechte Licht zu rücken. Tatsächlich beschränkt Wirth in dem von ihm besonders angezogenen Vortrage[114]) „Über den Patentanspruch in der Praxis des Patentamts" seine Aufgabe im wesentlichen darauf, zu zeigen, daß eine lückenlose Formulierung der Patentansprüche an den Äquivalenten und am Teilschutz scheitern müsse. Wie oben bereits gezeigt, ist es zunächst aber schon ganz unhaltbar, das System Hartigs als Theorie des lückenlosen Anspruchs hinzustellen. Sobald man Hartig richtig studiert hat, was allerdings einige Mühe verursacht, weiß man ganz genau, daß Hartig mit seinem System der technologisch-begrifflichen Erfassung des Erfindungsgegenstandes gar nichts anderes im Sinne gehabt haben kann als eben ein System der möglichst lückenlosen Abgrenzung der gegenständlichen Tragweite des Patentschutzes, in welchem gerade wegen dieser begrifflichen Fassung

---

[113]) Glasers Annalen 1913, Heft 10.

[114]) Der Patentanspruch, S. 181 ff.

die richtig verstandenen Äquivalente den besten Platz haben. Das dem System von Wirth ausgestellte testimonium paupertatis bedarf also notwendig einer Revision.

Sodann aber ist es eine grobe Entstellung der wirklichen Sachlage, daß sich der Nachahmer nach Hartigs Schutzbegrenzung an den Wortlaut des Patentanspruchs halten dürfe, während bei der geltenden Praxis des Reichsgerichts an den technischen Sachverstand und an das technische Gewissen des Lesers der Patentschrift appelliert werde.

Hartig[115]) sagt:

„Es kann zu einer gerechten und segensreichen Verwaltung von Rechtstiteln, deren Gegenstände aus der rätselhaften Tiefe des Menschengeistes hervorsteigen, eine kleinlich-bureaukratische Behandlungsweise, bei welcher der Geist in den Akten erstickt und die Hauptsache aus Sorge um die Nebendinge vernachlässigt wird, nimmermehr genügen.

Vielmehr ist die ernsthafteste, auf voller wissenschaftlicher Erkenntnis ihres Gegenstandes basierende ungeteilte Tätigkeit wohlgeschulter technischer und administrativer Kräfte vorauszusetzen, wenn in dieser Sache das Ideal erreicht werden soll, welches unserem Rechtsbewußtsein und unserem Sinne für nationale und allgemein menschliche Entwicklung vorschwebt!

Wenn nicht alle Anzeichen trügen, so ist es das Deutsche Reich, dem die Verwirklichung dieser Voraussetzungen mittels seines als unübertroffen anerkannten Patentgesetzes und wegen des Bildungsstandes seiner Juristen und Techniker am frühesten — wenn auch erst nach schwerem Kampfe — gelingen wird."

Hiernach sollte man nicht mehr mit der Behauptung auftreten, daß Hartig selbst schon etwas Vollkommenes geschaffen zu haben geglaubt und nicht erst in fernerer Zeit und nach harter Arbeit eine Annäherung an das Ideal angestrebt habe. Die Schuld daran, daß wir dem Ideal noch nicht näher gekommen sind, trägt z. Teil Wirth selbst, der es sich zur Lebensaufgabe gesetzt zu haben scheint, Hartig ganz beiseite zu schieben, nachdem er ihn schon 1892 in einer Jugendarbeit[116]) zwar abfällig, dafür aber durchaus unzutreffend kritisiert hat.

---

[115]) Studien, S. 134/135.

[116]) Vgl. „Der Patentanspruch", S. 18 f. und Anm. 1 auf S. 18. — Daß diese Kritik nach 20 Jahren nochmals gedruckt wurde, ist umso bedauerlicher, als sie ohnehin schon Unheil genug angerichtet hatte. Denn der Leute, die sich kein eigenes Urteil bilden, gibt es gar viele.

Mit dem von Wirth ins Feld geführten technischen Gewissen ist es an sich schon ein gar eigen Ding, wenn es sich um Immaterialgüter handelt. Leute, welche auch nicht entfernt daran denken, silberne Löffel einzustecken, zeigen oftmals auch nicht das geringste Bedenken, den Gegenstand der Erfindung eines anderen lizenzfrei nachzumachen. Das sogenannte technische Gewissen ist da recht weit und findet allenfalls eine Schranke an der Angst, in die Fußangeln unliebsamer Patentprozesse zu geraten. In Wirklichkeit an das technische Gewissen appelliert und zugleich durch die technologisch-begriffliche Fassung auf ein möglichst hohes Maß von Rechtssicherheit hingewirkt, sowie die Erkennbarkeit des fremden Eigentums erleichtert zu haben, das ist gerade das unauslöschliche Verdienst Hartigs, dem nur Unverstand den Vorwurf der Wortklauberei machen kann. Hartig hat in allererster Reihe für das gesunde und sittliche Prinzip[117]) gekämpft, die Grundsätze über die Nachahmung von Patenten auf die technische Einsicht der Industrie zu gründen und nicht auf philosophische Interpretation oder Wortklauberei und begriffliche Spitzfindigkeiten, wie Wirth dies der angeblich lückenlosen Theorie Hartigs unterstellen möchte[118]).

Ebensowenig wie Wirth hat Isay die Frage der Kompetenzverteilung zwischen Patentamt und Prozeßgericht gefördert, wohl aber gefährdet[119]), als er sie mit der Freirechtsbewegung und deren vielfach recht unklaren Schlagworten in Zusammenhang gebracht hat. Isay sagt, bei der Auslegung der Patente hätten die tiefsten Triebkräfte der neuen Rechtsentwicklung, der die gerechte Interessenabwägung mehr gelte als die begrifflich konkrete Konstruktion, dazu geführt, die Grenzen zwischen dem Sonderrecht des Patentinhabers und dem Allgemeinrecht der Industrie nicht mehr auf Grund bloßer Wortinterpretation von Urkunden, sondern auf Grund eigener Prüfung und Wertung des tatsächlichen Sachverhalts durch die Gerichte festzusetzen. Die alte Schule habe nicht gefragt, ob das Erzeugnis ihrer Auslegung

117) Vgl. „Patentanspruch“ S. 224.
118) a. a. O., S. 225.
119) Vgl. Schanze im Gewerbl. Rechtsschutz, 1912, S. 219.

der Billigkeit und Zweckmäßigkeit entspräche, sondern mit der Sorgfalt des klassischen Philologen jede einzelne Bemerkung, jedes Wort der Erteilungsakten verwertet und aus ihnen unter Benutzung der Regeln von Sprachforschung und Logik die Begriffe konstruiert, aus denen sie das Ergebnis zusammengesetzt habe[120]). Hierzu ist nur zu sagen, daß Isay zweifellos zu einer anderen Auffassung des Systems von Hartig und nicht zu seinen schiefen Ansichten gekommen sein dürfte, wenn er nur ein wenig von der Sorgfalt eines klassischen Philologen oder den reichen Schätzen der Logik im Sinne Hartigs sein eigen nennen könnte. Es ist ja schon von anderer Seite energisch bezweifelt, daß es erst einer „freien" Rechtswissenschaft bedurft habe, um von den Nachteilen der Buchstabenjurisprudenz frei zu werden[121]). Auch hat Schanze[122]) schon betont, daß auf dem Gebiete des Patentrechts von jeher der Grundsatz gegolten habe, daß nicht an dem buchstäblichen Sinne des Ausdrucks zu haften sei.

Abgesehen von den falschen Voraussetzungen, von denen Wirth bei seinem Angriff gegen Hartig ausgegangen ist, ist auch die ganz unselige Verquickung der verschiedensten Dinge scharf zu verurteilen. Teilschutz und Äquivalenz stehen z. B. mit der Frage der unvollkommenen Nachahmung in recht losem Zusammenhange. Ganz besonders aber fehlt es an dem von Wirth behaupteten Zusammenhange der Auffassung Hartigs von der technologischen Einheit der Erfindung mit der Frage der begrifflichen Erfassung des Erfindungsgegenstandes an sich. In ersterer kann sehr wohl ein Irrtum enthalten sein, ohne daß dadurch letzterer irgendwie Abbruch zu geschehen braucht. Ganz unverkennbar zieht sich durch die Ausführungen Wirths auch dessen frühere, mit dem Schlagwort „Zerstückelung" belegte Polemik gegen das Patentamt hindurch, wobei er allerdings an dem noch heute im Patentamt nicht beiseite geschobenen Geist Hartigs ein schwer zu überwindendes Hindernis gefunden hat.

---

[120]) Markenschutz und Wettbewerb, Bd. 10, S. 367 ff. —

[121]) Vgl. Kiß, Iherings Jahrbücher, Band 58, S. 415.

[122]) Gewerbl. Rechtsschutz, 1912, S. 220.

Ganz klar tritt das am Schlusse des Vortrages[123]) hervor, wo er eine Reform der patentamtlichen Praxis im angeblichen Einklang mit der reichsgerichtlichen Praxis nur für möglich hält, wenn die heutigen Einheitsvorstellungen vollständig fallen. Aber auch sonst noch behandelt Wirth die verschiedensten Dinge zugleich oder die einzelnen Fragen zu wenig isoliert. Infolgedessen bleibt nicht nur, wie Schanze[124]) sagte, der rechte Gewinn aus, sondern es wird die ganze Darstellung verworren. Da kann denn niemand recht wissen, was Wirth eigentlich will, und er hat sich selbst die Schuld zuzuschreiben, wenn er noch nicht so widerlegt worden ist, wie es bei der nötigen Klarheit seines „methodischen" Standpunktes leicht möglich sein dürfte.

Die von Wirth in seinem genannten Vortrage gegebene Analyse der Erfindung und das dazu gegebene Schema ist für praktische Zwecke wertlos. Der an der Spitze stehende Satz, daß die drei Arten der Neuheit — absolut neu, relativ neu und relativ neu hinsichtlich der Kombination — drei Arten von Schutz verlangen, entbehrt jeder tatsächlichen Begründung. Von dem angeblich allgemein bekannten Satze, daß auch die einzelnen Elemente der Erfindung unter gewissen Bedingungen Schutz genießen, sagt Wirth, das sei eine kategorische Forderung des materiellen Rechts, deren Erfüllung ohne Zweifel sei, die Rechtsprechung des Reichsgerichts habe sie zum großen Teile erfüllt[125]). Damit hat Wirth zwar nichts für die Richtigkeit der angeblich „kategorischen Forderung des materiellen Rechts" erwiesen, wohl aber verraten, daß er eine sonderbare Vorstellung vom Begriffe des materiellen Rechts hat. Die Behauptung, daß ein lückenloser Anspruch alle und jede Teilneuheit und dazu die Modalität der Neuheit zum Ausdruck bringen müsse, ist auch dann noch nicht begründet, wenn man den Ausdruck „lückenloser Anspruch" den Tatsachen entsprechend auf eine möglichst lückenlose Abgrenzung der gegenständlichen Tragweite des Patents hin berichtigen würde. Wirth versucht auch gar nicht erst, eine Begründung zu geben,

[123]) „Der Patentanspruch", S. 244.
[124]) Gewerbl. Rechtsschutz, 1912, S. 220.
[125]) „Der Patentanspruch", S. 188.

sondern geht ganz einfach dazu über, die Unmöglichkeit eines lückenlosen Anspruchs zu beweisen, die bei richtiger Auffassung der Äquivalenz und eines dem materiellen Patentrecht entsprechenden Teilschutzes niemanden interessieren kann als ihn selbst und etwaige blinde Anhänger.

Recht eigenartige Vorstellungen hat Wirth übrigens auch von der Rechtsprechung des Reichsgerichts, wie man aus seiner Behandlung der sogenannten Zündpillen-Entscheidung[126]) entnehmen kann, wo er mit der Möglichkeit rechnet, daß unser höchster Gerichtshof einen Fehler bei der Nichtigkeitsentscheidung später als Revisionsinstanz im Verletzungsprozeß habe wieder gutmachen wollen. Abgesehen davon, daß solches natürlich ausgeschlossen ist, handelt es sich aber gar nicht einmal um einen etwa wieder gutzumachenden Fehler des Reichsgerichts, sondern um einen ganz groben Fehler in der Auffassung von Wirth und Isay. Diese merken scheinbar gar nicht, daß der vernichtete Anspruch[127]) nicht lediglich den Ersatz des Flügelrades durch einen aufklappbaren Deckel, den man als Äquivalent des Flügelrades ansprechen muß, sondern außerdem noch eine ganze Reihe von anderen Lösungen der im Anspruch 1 gegebenen Aufgabe erfaßt haben würde. Ferner übersehen sie in allerdings gewohnter Weise, daß der Gegenstand der Erfindung nicht durch die beanspruchte Ausführungsform erschöpft wird, sowie daß nicht jede Lösung der gleichen Aufgabe ohne weiteres als dem Gegenstande der Erfindung äquivalent angesehen werden darf. Als Gegenstand der Erfindung im Anspruch 2 galt nicht das über dem Zylinder an schräger Achse montierte, die Zündpille tragende Flügelrad, welches durch den heißen Luftstrom in Bewegung gesetzt wird usw., sondern eine selbsttätig wirkende Vorrichtung zum Entfernen der Zündpille aus dem Flammenbereiche, dadurch gekennzeichnet, daß mittels des von der Flamme erzeugten Luftstromes ein über dem Zylinder auf schrägstehender Achse montiertes, die Zündpille tragendes Flügelrad in Bewegung gesetzt wird.

---

[126]) a. a. O., S. 235. Die Entscheidung selbst Blatt für P., M. u. Z., Bd. 10, S. 330.

[127]) Anspruch 1 des Patents 101 995.

Das mangelhafte Verständnis von Wirth und Isay erscheint umso unbegreiflicher, als es das Reichsgericht[128]) doch sicher nicht hat an Klarheit fehlen lassen; denn dieses sagte ganz unzweideutig, es komme darauf an, ob durch das Flügelrad zum ersten Male die Aufgabe gelöst sei, die Zündpille durch Benutzung des von der Flamme aufsteigenden heißen Luftstromes aus dem Bereich der Flamme zu bringen, oder ob diese Aufgabe schon früher durch andere Formen verwirklicht sei. Je nachdem gehe der Umfang des Schutzes über das Flügelrad hinaus oder beschränke sich darauf. Damit hat das Reichsgericht doch ganz klar zum Ausdruck gebracht, daß das Flügelrad nicht ausschließlich Gegenstand der Erfindung sei, sondern als Mittel der Lösung in Betracht komme, sowie daß für die Frage, ob noch andere gleichwertige Mittel der Lösung in den Schutzbereich des Patents fallen, der Stand der Technik maßgebend sei.

Wer das wirklich nicht begreifen kann, der sollte sich mit anderen Dingen als mit einer Weiterbildung der Patentrechtslehre befassen; denn diese braucht wirklich nicht noch weiter verwirrt zu werden. Die richtig verstandene (Zündpillen-) Entscheidung des Reichsgerichts vom 27. April 1904 macht den Unterschied zwischen Gegenstand der Erfindung und dem Umfange des Patentschutzes allerdings deutlich, aber nicht etwa in dem Sinne von Wirth und Isay, welche das Flügelrad als Gegenstand der Erfindung und den Ersatz des Flügelrades durch ein patentrechtliches Äquivalent als andere Lösung der Aufgabe ansprechen, um daraus Material für eine neue Anspruchsformulierung zu gewinnen. Wirth geht sogar so weit, daß er die ihm auf den ersten Anblick eminent unpraktisch[129]) erscheinende Zündpillenentscheidung in Verbindung mit den früheren Entscheidungen des Reichsgerichts vom 16. November 1903 und vom 17. Mai 1902 benutzt, um zu zeigen, daß es sich in allen drei Entscheidungen um Teilerfindungen handele, was das Reichsgericht bei der Zündpillenentscheidung ausdrücklich

[128]) R. G. vom 27. 4. 1904. Bl. 10, 330.
[129]) „Der Patentanspruch", S. 235.

durch die Worte „spekulative Idee“ und „Erfindungselement“ anerkannt[130]) haben soll.

Nach der Entscheidung[131]) vom 11. November 1903 sollte der Patentinhaberin nur die Befugnis genommen werden, sich über den Gegenstand ihrer Erfindung hinaus Erfindungen anzueignen, die sie nicht gemacht habe. Das Reichsgericht ließ es dahingestellt, ob die ringförmige Anordnung des Dampfentwicklers nebst Brenners um den Desinfektionsmassenbehälter selbständigen Schutz genieße, und erklärte unter Hinweis auf zwei im Tatbestande des Urteils erwähnte Apparate, das erteilte Patent habe einen solchen Umfang, daß unter seinen Schutz Erfindungen fallen würden, die die Patentinhaberin nicht gemacht, ja an die sie nicht einmal gedacht habe.

Nach der Entscheidung[132]) vom 17. Mai 1902 aber war ein allgemeiner Anspruch vernichtet worden, weil er nicht auf die bestimmte Vorschrift, wie ein Brenner gestaltet sein muß, um mit günstigem Erfolge bei der Azetylenbeleuchtung verwendet zu werden, gestützt war, sondern die Erkenntnis angab, warum gerade diese Form vorteilhafte Wirkungen erreichen läßt.

Wirth macht nun eine rein technische Übereinstimmung mit der Zündpillensache geltend und sagt, in beiden Fällen sei ein Patentanspruch für einen Gasstrom für nichtig erklärt worden und in einem Falle nur der Gasstrom in Verbindung mit den von ihm bewegten Stücken, im anderen Falle nur die den Gasstrom hervorbringenden Stücke als Erfindung erklärt worden[133]).

Die Darlegungen Wirths lassen erkennen, daß er das Reichsgericht gar nicht verstanden hat und überhaupt gut tun wird, mit einer Kritik zurückzuhalten, zu welcher er die Unterlagen auf den „ersten Anblick hin“ gewinnen zu können glaubt. Rechtswissenschaft und Technologie sind ebenso wie Philosophie Geistesmächte, welche die höchste Anspannung des Geistes erfordern[134]).

---

[130]) a. a. O. S. 239.

[131]) Blatt für P., M. und Z., Bd. 9, S. 216.

[132]) Mitteilungen des Verbandes deutscher Patentanwälte, 1904, S. 89.

[133]) „Der Patentanspruch“, S. 239.

[134]) Vgl. Kohler, Lehrbuch, S. 15, Anm.

Bei der Frage des Teilschutzes bringt **Wirth** die verschiedensten Dinge durcheinander: Teilerfindungen und Erfindungsteile, Vollerfindung und Erfindungsbruchstück, unvollkommene und unvollständige Nachahmungen. Insbesondere operiert er mit letzteren unter dem Gesichtspunkt des Teilschutzes, was zwar manchmal zulässig erscheinen kann, aber nicht dazu führen darf, jede Benutzung eines Teiles der Erfindung als unvollständige Nachahmung anzusprechen. Sonst ergeben sich tatsächlich Erscheinungen, die man mit dem Schlagwort der Weltfremdheit, der Wortklauberei und der begrifflichen Spitzfindigkeit gegeißelt hat[135].

Unerläßliche Vorbedingung für eine gedeihliche Behandlung des Teilschutzes, bei dem nicht nur das Interesse des Erfinders, sondern auch, und zwar in erster Linie, das wohlverstandene Interesse der nationalen Industrie erwogen werden muß, ist, daß die verschiedenen Dinge klar auseinander gehalten werden. Wie weit die Verwirrung gerade von **Wirth** getrieben worden ist, erkennt man schon daran, daß er die Auslegung, welche das Reichsgericht dem für einen zweiteiligen Eisenbahn-Drehkran erteilten Patent 165621 gegeben hat, auch unter den Begriff des Teilschutzes bringen zu können glaubt, während das Reichsgericht unter dem Gegenstande der Erfindung zutreffend eine „beispielsweise gegebene" Ausführungsform mit ihren patentrechtlichen Äquivalenten begriffen hat. Wenn **Wirth** also sogar Äquivalenz und Teilschutz zu wenig isoliert behandelt, dann darf man sich gar nicht wundern, daß bei seinen Darlegungen über die Stellung von Patentamt und Prozeßgericht der rechte Gewinn ausbleiben[136] muß. Darüber hinaus wird aber eine unheilvolle Verwirrung angerichtet, wie sich ganz klar ergibt, wenn man sieht, welche Schlüsse **Kohler** aus dem angeblich lehrreichen Beispiel des **Wirthschen** „Drehkrans" gezogen hat.

Kohler[137] glaubt, daß der wie ein Fernrohr ineinander geschobene Ausleger[138] innerhalb der geschützten Erfindungsidee

[135]) Vgl. **Wirth** im „Patentanspruch", S. 225.

[136]) Vgl. hierzu **Schanze** im Gewerbl. Rechtsschutz, 1912, S. 221.

[137]) Gewerbl. Rechtsschutz, 1912, S 165.

[138]) „Der Patentanspruch", S. 225—232.

liege, weil der gleichheitliche Zweck bewirke, daß beide Tiefstellungen Äquivalente[139]) seien. Offenbar hält er Wirth für eine Leuchte der technischen Wissenschaften, der er unbedingt vertrauen zu dürfen glaubt, und scheinbar gestützt auf solches Vertrauen ist er ja „Herrn Dr. Richard Wirth auch für viele freundliche Ratschläge und Bemerkungen“ zu seinem Handbuch des deutschen Patentrechts in rechtsvergleichender Darstellung sehr verbunden[140]).

Bei dem „lehrreichen“ Beispiel des Wirthschen Drehkrans geht Kohler so weit, daß er auch noch andere Äquivalente für möglich erklärt, wenn z. B. statt der Schienenwagen Hängewagen oder dergl. verwendet würden. Dabei hält Kohler es für denkbar, daß der Kran nach unten umgelegt würde, oder daß irgendeine andere Einrichtung erfolgte, welche durch Verschiebungen der einzelnen Teile es ermöglichte, daß der Kran bald in eine dem Wagenniveau entsprechende Ruhelage, bald in die entsprechende Funktionslage gebracht würde. Damit soll der Begriff des Erfindungsgegenstandes neue Varianten annehmen, was nach Kohler zugleich einen Einblick in die verschiedenen Arten menschlicher Begriffe bietet. Er meint, die naturwissenschaftlichen Begriffe seien ein für allemal gegeben und könnten nur durch neue Entdeckungen berichtigt werden, während die Begriffe der Technologie sich mit der Kultur von selbst ändern. Wenn Kohler dann unmittelbar darauf sagt[141]), das verkannt zu haben ist einer der fundamentalsten Fehler

---

[139]) Gewerbl. Rechtsschutz, 1912, S. 165.

[140]) Vgl. Kohler, Handbuch, Vorwort. Hier spricht Kohler von einer solchen Fülle neuer Gesichtspunkte, daß er bei einer zweiten Auflage seines „Deutschen Patentrechts“ (1878) keinen Stein auf dem andern hätte lassen können. Das war eigentlich recht schade; wenigstens gibt es Leute, die da meinen, daß sich aus der in höchstem Maße anzuerkennenden Jugendarbeit Kohlers durch eine umgearbeitete zweite Auflage etwas höchst Erfreuliches hätte gewinnen lassen. Savigny hat schon fast vor einem Jahrhundert in seiner Vorrede zum „System des römischen Rechts“ (S. XXIII) darauf hingewiesen, daß man auf die Erzeugung neuer Ansichten einen übertriebenen Wert lege im Vergleich zu der treuen liebevollen Ausbildung des schon Erforschten.

[141]) Gewerbl. Rechtsschutz, 1912, S. 165.

von Hartigs Auffassung, und die Technologie habe ihre eigene Logik, so hat er den Glockenstrang zu einem Geläut für seine „moderne" Kritik Hartigs selbst in der Hand. (Vgl. oben S. 56.)

Es fehlt nur noch, daß Kohler im Vertrauen auf Wirths Autorität in technischen Dingen das ebenfalls von diesem behandelte „lehrreiche" Beispiel[142]) vom Löschen der Koks nach Patent 89774 zu besonderen Schlußfolgerungen benutzt. Wirth glaubt nämlich, aus dem Umstande, daß bei einer Zweckangabe am Schlusse des Anspruchs nicht nur von einer Stauung des Wassers am Knie der Rinne die Rede, sondern noch gesagt war, daß sich das Wasser von oben über die Koks stürze, Schlüsse ziehen zu können, die jedenfalls kein verständiger Technologe aus der Schule Hartigs ziehen würde. Ganz abgesehen davon, daß man Hartig eine wirklich lückenlose Umgrenzung nur nach der Phantasie von Wirth zuschreiben könnte, und Hartig selbst dem Richter keineswegs zugemutet hat, alle ausdrücklich genannten Merkmale als wesentlich anzusehen, kommt das Stürzen des Wassers von oben über die Koks doch überhaupt nicht als Merkmal des Gegenstandes der Erfindung in ernsthafte Erwägung. Es ist vielmehr ein Teil der Folge des in dem Rinnenknie mit beliebigem Winkel bestehenden Merkmals. Der Techniker sieht doch ohne weiteres, daß das Knie eine Stauung des beim Entlangführen der Koks auf dem wagerechten Teile der Rinne mitgenommenen Wassers zur Folge haben wird, sowie daß diese Stauung auch ein Zurückstürzen des Wassers über die Koks zur Folge haben muß, sobald der Winkel eine gewisse Größe überschreitet. Da im Patentanspruch ganz ausdrücklich von einem beliebigen Winkel die Rede ist, so wird jeder verständige Prozeßrichter die wahre Bedeutung des Zurückstürzens nach Art eines Wasserfalls oder Strudels zu würdigen in der Lage sein. Der sachverständige Techniker aber wird sich ohne weiteres darüber klar werden, daß das Zurückstürzen des Wassers dem beabsichtigten Kühlzweck niemals nachteilig, wohl aber vorteilhaft sein kann. Er wird sich also nicht erst im Sinne von Wirth mit Analysen und Versuchen,

[142]) „Der Patentanspruch", S. 217—222

bzw. mit erheblichen Mühen und Kosten die Erkenntnis verschaffen und dem Patentamt vermitteln müssen, daß auch eine geringere Stauung schon genügen werde [143]).

Für einen umsichtigen Patentanwalt ergaben sich noch eine Reihe weiterer Gesichtspunkte, die ihn gar nicht erst auf den Irrweg von Wirth geraten lassen haben würden, nämlich zunächst einmal schon die Erkenntnis, daß eine Verhütung des an sich durchaus erwünschten Zurückstürzens besondere Mühe verursachen und auch gar nicht von der Bemessung des Winkels allein, sondern auch von der Geschwindigkeit der Bewegung sowie vom Verhältnis der Wassermenge zum Koks abhängig sein würde. Ferner aber, daß es sich ja bei dem Zurückstürzen von oben über die Koks nach Art eines Wasserfalls oder Strudels um eine bessere Wirkung handelt als beim einfachen Zurückstauen. Wem die Praxis nicht ein toter Schemen, sondern lebensvolle Wirklichkeit mit außerordentlichem Anreiz zum gründlichen Studium der Technologie ist, wird erst gar nicht auf die nur umständliche und nichtsnutzige Verhütung des Wasserfalls kommen. Schließlich aber verleiht die Angabe des Zurückstürzens dem Patent eine ungleich höhere Widerstandskraft gegen einen etwaigen Nichtigkeitsangriff, ohne nach der herrschenden Meinung zu einer Beschränkung des Schutzbereiches zu führen, sofern eben auch das einfache Stauen des Wassers am Knie nach dem Stande der Technik zur Zeit der Anmeldung des Patents an sich noch neu war. Es würde damit eine unvollkommene Nachahmung in Frage stehen.

Daß Wirth überhaupt mit der Möglichkeit rechnet, das Reichsgericht habe auch anders entscheiden können oder vom Standpunkt des Patentamts etwa anders entscheiden müssen, als es wirklich getan hat, beweist lediglich, daß er sich mit seinen Vorstellungen nicht auf dem Boden realer Wirklichkeit befindet. Wirth sagt, daß beim Tatbestande der Entscheidung des Reichsgerichts vom 9. Februar 1910 — um diese handelt es sich hier — „tatsächlich auch ein Schutz des einen Merkmals allein schon berechtigt" sei, womit er offensichtlich die unterhalb einer solchen Grenze

[143]) a. a. O., S. 222.

gehaltene Stauung meint, bei welcher das Wasser gerade noch nicht von oben her zurückstürzt, sondern sich nur staut. Von dem Schutz eines Merkmals allein zu reden, ist überhaupt nicht diskutabel, weil nach § 4 nicht ein Merkmal, sondern der durch ein oder mehrere Merkmale gekennzeichnete Gegenstand der Erfindung schutzberechtigt ist. Wirth hätte also schon sagen müssen, daß der durch das eine Merkmal gekennzeichnete Gegenstand schutzberechtigt sei. Aber auch das wäre verfehlt; denn die Einrichtung, um die es sich handelt, wird nicht etwa durch das Stauen allein, sondern durch eine vor den Retorten angeordnete, zu Anfang wagerechte, später unter einem Winkel aufsteigende und in dem wagerechten Teile bewässerbare Rinne gekennzeichnet, in welcher beim Entlangführen der Koks auf dem wagerechten Teile das Wasser nur soweit mitgenommen wird, daß es sich am Knie der Rinne zwar staut, aber nicht auch von oben her über die Koks stürzt. Das unter der genannten Grenze gehaltene Stauen würde in diesem Falle wenigstens insofern ein Merkmal des Erfindungsgegenstandes sein, als der Winkel unter einer gewissen Grenze gehalten werden muß, also nicht mehr, wie im Patentanspruch zu 89774 angegeben, beliebig sein darf. Daraus aber ergibt sich ganz zwanglos, daß Wirths Argumentation den realen Boden verloren hat.

Wirth spricht übrigens fortgesetzt von teilweiser Stauung, womit er eine teilweise erfolgende Stauung oder Teilstauung meint. Von einer Teilstauung im logischen Gegensatz zu einer Vollstauung kann aber nicht die Rede sein, sondern nur von verschiedenen Graden des Stauens. Wirth hat sich bei der Teilstauung anscheinend etwas Ähnliches gedacht wie bei seiner Teilerfindung im Gegensatz zur Vollerfindung, wobei er dann noch Teilerfindung und Erfindungsteil durcheinander bringt und auch die unvollkommene Nachahmung mit heranzuziehen pflegt. Die Vermengung verschiedener Begriffe bzw. eine zu wenig isolierte Behandlung der einzelnen Fragen stellt sich bei Wirth als Regel dar[144]). Da ist es denn wahrlich kein Wunder, daß bis jetzt noch niemand so recht da-

[144]) Vgl. Schanze, Gewerb. Rechtsschutz, 1912, S. 220.

hinter kommen konnte, was er eigentlich will, und daß er sich bei Angriffen mit Mißverstandensein herauszureden sucht. Auffallend aber bleibt es immer, daß er trotz seiner nach Kohler „unauslöschlichen Verdienste" um den Gegenstand der Erfindung diesem keineswegs die gebührende Achtung schenkt. Wie er beim Löschen der Koks in unbegreiflicher Oberflächlichkeit von dem berechtigten Schutz des einen Merkmals allein spricht und im Anschluß daran die grundsätzlichen Schwierigkeiten einer vollständigen Prüfung des Erfindungsgegenstandes und der Unmöglichkeit einer lückenlosen Schutzumgrenzung zeigen und zugleich von dem Grundsatz ausgehen will, daß der Erfinder an sich ein materielles Recht gegen die Nachahmung schutzwürdiger Einzelheiten habe, so sagt er fast im selben Atemzuge, daß die Bedingung des Nachweises für den Schutz des einen Merkmals allein tatsächlich darin bestehe, daß sozusagen die Erfindung in einer schlechteren Ausführungsform nochmals gemacht werde[145]). Im Anschluß daran wirft er die Frage auf:

Wer aber wollte Mitleid mit dem Nachahmer haben und für ihn besondere Rücksicht beanspruchen, weil er nicht mit voller Sicherheit aus dem Wortlaut des Patentanspruchs die Unerlaubtheit seines Handelns erkannte?

Demgegenüber drängt sich unmittelbar auch die Frage auf:

Wer wollte Mitleid mit dem „Nachahmer" einer nur unter bestimmten Voraussetzungen zulässigen Polemik gegen die Patentamtspraxis oder Hartig haben und für ihn eine besondere Rücksicht beanspruchen, weil er aus Tatbestand und Gründen reichsgerichtlicher Entscheidungen nicht mit voller Sicherheit die Unerlaubtheit seines Handelns erkannte?

Dieser hat doch nur geglaubt, solches tun zu dürfen, weil er der recht irrtümlichen Ansicht war, Auszüge aus den Entscheidungsgründen, losgelöst vom Tatbestande, zu allgemeinen Schlußfolgerungen benutzen zu dürfen.

Soweit über Wirths von ihm kürzlich besonders hervorgehobene Tatsachenanalyse[146]). Wohin aber die vielgerühmte Analyse der Erfindung führt, kann man aus seinen Ausführungen über die so äußerst einfache Wäscheklammer[147]) sehen. Der verstän-

---

[145]) „Der Patentanspruch", S. 222.
[146]) Vgl. Anmerkung 113.
[147]) „Der Patentanspruch, S. 197—204.

dige Techniker wird trotz der Ausführung von Wirth nicht in Zweifel geraten, was dabei als Gegenstand der Erfindung unter Schutz gestellt werden sollte. Auf diese Weise läßt sich die Notwendigkeit oder auch nur Zweckmäßigkeit neuer Formulierungstechnik jedenfalls nicht dartun. Vielleicht aber ist das Beispiel deshalb angezogen, weil es von einem Beamten des Patentamts benutzt worden war[148]). Wirth steht eben schon zwei Jahrzehnte auf dem Standpunkt, daß aus dem Patentamt nichts Gutes kommen kann.

§ 8.

Die besonders von Wirth immer wieder mit dem Begriff des Teilschutzes zusammengebrachte unvollkommene Nachahmung bildet allerdings eine der größten Schwierigkeiten des Patentschutzes. Ihr wird auch in der Rechtsprechung des Reichsgerichts besondere Aufmerksamkeit gewidmet und die Frage der unvollkommenen Nachahmung von der Frage des Teilschutzes meist zutreffend geschieden. In der vielgenannten Entscheidung[149]) vom 9. Februar 1912 wird am Schlusse der Begründung noch hervorgehoben, daß die Einrichtung zum Löschen von Koks mit einfacher Stauwirkung im Gegensatz zur Hervorrufung eines Wasserfalls, bei welcher durch Schleppen der Koks auf dem wagerechten Teil der Rinne eine Stauung am Knie zum Zwecke einer vollständigen Löschung herbeigeführt wird, eine unvollkommene Ausführung des dem Patent 89 774 zugrunde liegenden Erfindungsgedankens darstellt. Das Reichsgericht hat also ganz zutreffend gewürdigt, daß es sich bei dem höheren Grade des Stauens um eine Verwirklichungsform des Erfindungsgedankens mit vollkommenerer Wirkung gehandelt hat. Das ist aber nicht so ohne weiteres in allen Fällen gleichbedeutend mit einer besseren Ausführungsform, wenn es sich zwar bei unvollkommener Wirkung oft genug um eine schlechtere Ausführungsform handeln wird. Hier setzen gerade die besonderen Schwierigkeiten der Beurteilung ein, bei denen man um Werturteile gar nicht herumkommt, und wo dem

---

148) Jahr, Anmeldung und Bearbeitung von Erfindungen. S. 106.

149) Blatt für P., M. u. Z. 1912, S. 157 ff.

ordentlichen Richter die höchsten Lorbeeren erblühen können, wenn alle Vorbedingungen eines dem Geist des Patentgesetzes entsprechenden und zugleich das allgemeine Rechtsbewußtsein befriedigenden Urteils vorliegen. Diese sind aber nicht gering.

Zunächst muß der Richter selbst das eventuell unter Zuziehung eines Sachverständigen nach § 144 ZPO. zu ergänzende technische Verständnis soweit besitzen, daß er sich schon beim Beweisbeschluß über die Verknüpfung der Rechtsfragen mit den technischen Fragen sowie über die präjudizielle Bedeutung dieser technischen Fragen für die juristischen Schlußfolgerungen vollständig klar ist, um danach die Aufgabe des Sachverständigen genau zu begrenzen[150]. Dazu muß der Richter obendrein noch das gar seltene Glück haben, einen Sachverständigen zu finden, der seiner Aufgabe wirklich gewachsen ist, d. h. nicht nur die gerade erforderlichen Spezialfachkenntnisse, sondern auch soviel Rechtskenntnis besitzt, daß er den Reiz seiner Aufgabe nicht etwa darin erblickt, die Sache vom juristischen Standpunkt zu betrachten[151]. Ferner darf der Richter nicht auf einen „Universalsachverständigen" treffen, der nicht tief genug in die Sache eindringen kann, weil er „nicht weniger als 91 Beweisbeschlüsse mit Akten zur Erledigung gleichzeitig im Hause hat"[152]. Fernere Vorbedingung ist, daß der Richter bei der Endentscheidung in einer der Zivilprozeßordnung (§ 286) entsprechenden Weise wirklich über dem Sachverständigen steht, also alles das, was dieser über seine eigentliche Aufgabe hinaus äußert, als gar nicht gesagt[153] betrachtet, sondern sich von ihm gewissermaßen nur den Rohstoff liefern läßt, der der Verarbeitung im Urteile harrt. Der Richter hat die Verknüpfung der erwiesenen Tatsachen zum Tatbestande und dessen Vergleichung mit dem hypothetischen Tatbestande des Gesetzes selbst zu vollziehen; die dabei gezogenen Schlußfolgerungen müssen den unabänderlichen Denkgesetzen der

[150]) Vgl. Kohler, Handbuch, S. 865.

[151]) Verhandlungsberichte vom Kongreß für gewerbl. Rechtsschutz in Hamburg, S. 24.

[152]) Vgl. Rathenau, Das Sachverständigenwesen in Patentprozessen, 1908, S. 13 f., und Friedrichs, Deutsche Juristenzeitung 1907, S. 1002.

[153]) Vgl. Kohler, Handbuch, S. 865.

formalen Logik entsprechen, sich als Schluß aus einem Tatsachenurteil als Untersatz und teils juristischen, teils technischen Obersätzen erweisen[154]).

Unerläßliche Voraussetzung für das Ganze ist und bleibt aber noch, daß die patenterteilende Behörde auf der Höhe ihrer Aufgabe gestanden hat, es ihr also gelungen ist, durch die verschiedensten Gefahren[155]) hindurchzuschiffen und die gegenständliche Tragweite des Patentschutzes möglichst sicher zu umgrenzen. Von einer lückenlos erfolgenden Umgrenzung des Schutzbereichs kann dabei ebenso wenig die Rede sein, wie davon daß es einem Durchschnittssachverständigen gelingen könnte, alle etwa für das Urteil in Betracht kommenden technischen Erfahrungssätze dem Richter lückenlos zu vermitteln.

Angesichts der vorstehend erörterten Schwierigkeiten, welche auch bei einem anderen System der Formulierungstechnik insbesondere bezüglich des mit der Frage des Teilschutzes nicht durcheinander zu werfenden Schutzes für unvollkommene Nachahmungen bestehen würden, zeugt es nicht gerade von Scharfsinn, daß man die Beseitigung von Schwierigkeiten als Argument gegen eine möglichst weitgehende Kompetenz des Patentamts ins Feld führt. Dabei ist man übrigens den Nachweis schuldig geblieben, wieso denn die ordentlichen Gerichte mit ihren Sachverständigen für die Abgrenzung des Patentschutzes wenigstens in der Richtung des Erfindungsgegenstandes, wozu auch ein etwaiger Teilschutz gehören würde, besser geeignet sind als das Patentamt mit seinen in langjähriger Erfahrung besonders geübten eigenen Sachverständigen, zumal das Patentamt im Bedarfsfalle gemäß § 14, Abs. 6 auch noch besonders geeignete Sachverständige zuziehen könnte. Der Umstand, daß die ordent-

[154]) Vgl. Stein, Das private Wissen des Richters, 1893, S. 12.

[155]) Vgl. Bolze, Der Entwurf eines Patentgesetzes, Sächsisches Archiv 1891, Band I, Heft 4, S. 248. — Bolze sagt dort bezüglich der fünfjährigen Präklusivfrist für einen Nichtigkeitsantrag: „Das Prüfungsverfahren ist vor eine harte Probe gestellt. Gelingt es der neu zu gestaltenden Behörde, versteht sie es auch, die volle Einheitlichkeit in den Prinzipien ihrer Entscheidungen bei den verschiedenen Stationen und Abteilungen herzustellen, so werden die Behörde, die Urheber dieser Einrichtung und die deutsche Industrie dreimal glücklich zu preisen sein."

lichen Gerichte sich, wie überhaupt, so auch bei der unvollkommenen Nachahmung durch ein Obergutachten des Patentamts (§ 18 PG.) gern aus der Verlegenheit ziehen, spricht jedenfalls nicht gegen das Patentamt.

Die unstreitig bestehende Schwierigkeit des Schutzes gegen unvollkommene Nachahmung sollte unter allen Umständen zunächst einmal isoliert und dann erst die Frage eines Teilschutzes behandelt werden. Dazu hat Kohler unstreitig wertvolle Winke gegeben, die, richtig verstanden, zu einer fruchtbaren Weiterentwicklung der Patentrechtslehre führen könnten. Diese Winke sind seiner Behandlung des Erfindungsversuchs zu entnehmen, bei der er ganz richtig davon ausgeht, daß der Erfinder, welcher der Lösung eines Problems nahe gekommen ist, noch kein Anrecht erworben hat, auch nicht gegenüber dem, welcher nachträglich durch eine glückliche Idee zur wirklichen Lösung gelangt ist. Kohler[156]) sagt:

„Es gibt keine Halberfindungen mit einem Halbanrecht, welches etwa demjenigen entgegengehalten werden könnte, welcher die Sache zur Vollendung bringt. Eine derartige Lehre wäre an und für sich ungerecht; denn durch eine Halberfindung erlangt die Menschheit keine neuen Rechtsgüter, sie müßte aber auch zu den allergrößten Verwirrungen und zu unhaltbaren Verwicklungen führen. Ein jeder Erfinder hätte mit einer Unzahl von Leuten zu tun, die um das Problem herumgestrichen sind, ohne es zu erreichen. Denn es ist ja eine alte Erfahrung, daß, wenn ein Problem in der Luft liegt, eine Menge von Erfindern rechts und links in das Geheimnis einzudringen sucht und 99 an irgendwelchen Hindernissen anrennen, die der hundertste beseitigt."

Kohler will von den Halberfindungen ausdrücklich den Fall trennen, daß jemand ein unvollkommenes Mittel darlegt, um zum Ziel zu gelangen, andere aber das Mittel vervollkommnen; denn eine unvollkommene Lösung sei doch immerhin eine Lösung. Unmittelbar hieran schließt er wieder den Satz, daß eine Erfindung nicht vorliege, wenn eine leichte Umänderung des Bisherigen ermöglicht hätte, das Problem zu lösen; es sei einer der größten Fehler in der Geschichte wie in der Beurteilung des Patentrechts, wenn man die Auffassung späterer Tage in frühere Zeiten hineintrage.

Man wird hierbei unwillkürlich an Hartig erinnert, der von dem Gedanken ausging, daß dem Wesen allen geistigen

[156]) Lehrbuch, S. 53.

Eigentums ein einheitlicher individueller Charakter anhafte. Ohne bedauerliche Belästigung der gesamten Technik und unerwünschte Häufung der Streitfälle könne nur ein Ganzes in Betracht kommen. Wenn auch im einzelnen Falle der Urheber einer Geistesschöpfung die Empfindung erlittenen Unrechts haben möge, falls ihm einzelne Züge derselben in den nachfolgenden Werken anderer wieder begegnen, so müsse doch die gewichtige Erwägung Platz greifen, daß auch er wieder — mit beiden Füßen — auf den Schultern der Vorgänger stehe; was er im einzelnen ohne Entschädigung an andere abzugeben habe, werde durch die Benutzung von Überlieferungen der Vor- und Mitlebenden wohl in den meisten Fällen mehr als kompensiert[157]). Man braucht nun noch nicht zu Hartigs Schlußergebnis zu gelangen, daß jeder auf Teilschutz gerichtete Versuch die technologische Einheit des Erfindungsobjekts in Frage stellen und den Bestimmungen des deutschen Patentgesetzes zuwiderlaufen würde, um den berechtigten Kern seiner Anschauung herauszufinden. In diesem Sinne braucht man dann aber auch Kohlers Anschauungen über den Erfindungsversuch und Halberfindungen nicht auf solche zu beschränken, sondern kann sie umgekehrt zu wichtigen Schlüssen dafür verwenden, daß es durchaus ungerechtfertigt erscheinen muß, die 99, welche schon einen vielleicht recht erheblichen Teil der Erfindungsarbeit geleistet haben, zugunsten des Hundertsten, der oft genug nur durch eine leichte Umänderung des Bisherigen zur vollendeten Problemlösung gelangt ist, nicht nur ganz leer ausgehen zu lassen, sondern sogar dem Patentinhaber in bezug auf einen an sich unberechtigten Teilschutz tributpflichtig zu machen. Ja man könnte mit derselben Berechtigung wie bei einem unter Umständen schon recht weit gediehenen Erfindungsversuch sagen, daß der Patentschutz für Erfindungsteile zu den allergrößten Verwirrungen und zu unhaltbaren Verwicklungen führen würde. Das muß man billigerweise sagen, wenn der Patentsucher es verabsäumt hat, den gesetzlichen Weg zur Sicherung von Schutz für Erfindungsteile oder Teilerfindungen einzuschlagen.

---

[157]) Hartig, Studien, S. 164.

Gerade aus der alten Erfahrung heraus, daß bei einem in der Luft liegenden Problem eine Menge von Erfindern schon teilweise zur Lösung vorgedrungen ist und einen erheblichen Teil der Schöpfungstat als ihr eigentliches Verdienst beanspruchen kann, müßte man schließen, daß ein Teilschutz nur unter ganz besonderen Umständen und nur unter dem gesetzlichen Erfordernis einer entsprechenden Anspruchsformulierung dem einen glücklich am Endziel angekommenen Erfinder, der zugleich noch das Glück hat, erster Anmelder und Offenbarer der Erfindung zu sein, zugebilligt werden soll. Dieser ist doch mit dem ausschließlichen Ausführungsrecht usw. des Erfindungsgegenstandes, wie er in den Ansprüchen leicht und sicher zum Ausdruck zu bringen ist, wahrlich schon reichlich belohnt, soweit ein solcher Lohn als Entgelt für die Offenbarung der Erfindung angemessen erscheint. Dieser Gesichtspunkt wird in der modernen Patentrechtslehre viel zu wenig berücksichtigt, weil man sich den Gegensatz eines allgemeinen Erfinderrechts zu dem auf der deutschen Patentgesetzgebung beruhenden Patentrecht nicht mehr klar macht und auch scheinbar nicht mehr recht klar machen will, seitdem ein schlecht unterrichteter Reichstag die bekannte Resolution[158]) gefaßt hat, welcher durch die Stettiner Beschlüsse Rechnung zu tragen versucht worden ist[159]).

Bei einer zutreffenden, das wohlverstandene Interesse der nationalen Industrie gebührend berücksichtigenden Auffassung der Lehre vom Teilschutz bleibt immer noch die an sich vorhandene Schwierigkeit des Schutzes für unvollkommene Nachahmungen bestehen. Aber das ist in der Sache selbst begründet und keineswegs durch eine neue Formulierungstechnik zu beheben. Die richtig verstandene Frage der unvollkommenen Nachahmung verhindert auch keineswegs eine Harmonie zwischen der Rechtsprechung des Reichsgerichts und der Praxis des Patentamts. Dazu ist nur nötig, daß sich das Reichsgericht nicht länger von der für die Industrie bedenklichen Lehre Kohlers über den Teilschutz leiten läßt, sondern sie ebenso überwindet wie die zu weitgehende Lehre von der patentrechtlichen Äquivalenz. Daß dann eine

---

[158]) Vgl. Anspruch auf ein Patent und Recht an der Erfindung, 1913, S. 50.
[159]) a. a. O., S. 62.

Harmonie der Rechtsprechung des Reichsgerichts mit der vom Kaiserl. Patentamt in bezug auf die Frage des Teilschutzes unentwegt befolgten Praxis möglich ist, kann niemand bestreiten, auch wenn er Hartigs Ansichten über eine solche Harmonie „naiv" finden sollte[160]). Die Notwendigkeit einer Harmonie zwischen patentamtlicher und reichsgerichtlicher Praxis oder zwischen Patenterteilungs- und Patentauslegungsgrundsätzen, wie Wirth sich ausgedrückt hat, braucht letzterer allerdings nicht erst zu erweisen, wohl aber bedarf dessen Forderung[161]), daß das Patentamt sich nach dem Reichsgericht und nicht dieses umgekehrt sich nach dem Patentamt zu richten habe, einer näheren Begründung. In der Diskussion zu Wirths Vortrage über den Patentanspruch in der Praxis des Patentamts hat Dr. Sell[162]) wenigstens eine Begründung dahin versucht, daß das Patentamt sich dem Standpunkt der höheren Instanz des Reichsgerichts unterordnen solle. In diesem Sinne kann aber von einer höheren Instanz gar nicht gesprochen werden; denn trotz aller Kontroversen ist mit dem Reichsgericht selbst und mit Bolze[163]) daran festzuhalten, daß das Patent als lex specialis zu gelten hat. Der Richter aber steht unter dem Gesetz und nicht, wie die moderne Freirechtsbewegung gern möchte, nach Art des römischen Prätors darüber. Das Reichsgericht ist jedenfalls vom besten Willen beseelt, das Gesetz unter allen Umständen zu achten. Mit seinem starken Rechtsgefühl und Pflichtbewußtsein dürfte es auch über die hinsichtlich des Teilschutzes bestehenden Schwierigkeiten längst hinweggekommen sein, wenn nicht eine Reihe von Rechtsgelehrten wie von Rechts- und Patentanwälten bezüglich des Teilschutzes und der unvollkommenen Nachahmung eine Verwirrung angerichtet hätte, durch welche hindurch nur noch sehr schwer ein klarer Einblick in die tatsächlichen Verhältnisse und das wohlverstandene Interesse der nationalen Industrie zu gewinnen ist.

Fast könnte man versucht sein, bei der bevorstehenden Revision des Patentgesetzes die im Interesse der nationalen Industrie so

160) Der Patentanspruch, S. 183.

161) „Der Patentanspruch", S. 181ff.

162) a. a. O., S. 246.

163) Aus dem Patentrecht, Festschrift, Leipzig, S. 6 und 7.

sehr erwünschte Klarheit und Rechtssicherheit durch eine entsprechende Gesetzesvorschrift zu fordern, zumal auf diese Weise der sonst schwer zu entwirrende gordische Knoten mit einem Male gelöst werden würde. Damit würde zugleich jedem weiteren Streben in dieser Richtung, das vom Reich selbst gesetzte Recht durch Bildung von Gewohnheitsrecht mit der Zeit abzuändern, ein Riegel vorgeschoben. Unbewußten Abweichungen vom gesetzten Recht, die ja immerhin vorkommen und zur Bildung von Gewohnheitsrecht führen können, sollte vom Gesetzgeber, der sich ohnehin demnächst mit der Revision des Patentgesetzes zu befassen haben wird, eine Schranke gesetzt werden, indem das neue Gesetz im Sinne von Reuling (oben S. 19) ausdrücklich erklärt, daß nur dasjenige in die gegenständliche Tragweite des Patentschutzes fällt, was in den Patentansprüchen ausdrücklich als durch das Patent zu schützen bezeichnet worden ist.

Dr. Wirth hält scheinbar den umgekehrten Weg für besser. Er spricht wenigstens am Schlusse des genannten Vortrages von dem Lebendigwerden des methodischen Gedankens, daß man aus den richterlichen Entscheidungen und ihren materiell-rechtlichen Grundlagen (sic!) ein System für die Formulierung von Ansprüchen entwickeln solle, nachdem eine zwanzigjährige Erfahrung gezeigt habe, daß es ein Abweg sei, mit einem philosophisch aprioristisch ausgeklügelten Anspruchssystem die Gerichte zwingen zu wollen[164]). Das ist ein Standpunkt, über den die Anhänger der modernen Freirechtsbewegung ihre helle Freude haben können, und der dem wechselvollen Bilde gerichtlicher Entscheidungen ein ebenso wechselvolles System der Anspruchsformulierung entsprechen lassen würde.

Schanze[165]) sagte gewiß nicht ohne innere Berechtigung, daß Wirths Ausführungen zwar anregend und lehrreich, aber mehr in negativ kritischer Richtung als unmittelbar positiv förderlich wirken.

In recht eigenartiger Beleuchtung erscheint aber die neue Formulierungstechnik, wenn man erwägt, daß bei der bisherigen

[164]) „Der Patentanspruch", S. 244.

[165]) Schanze, Gewerbl. Rechtsschutz, 1912, S. 220

Anspruchsformulierung schon Mißstände daraus entstehen, daß der gegenständlichen Tragweite eines Patents im Verletzungsprozeß eine andere Deutung gegeben wird als im Nichtigkeitsverfahren, wo es aus diesem Grunde oft nicht möglich ist, ein in Wahrheit hinfälliges Patent zu vernichten. Das rührt eben daher, daß im Nichtigkeitsverfahren ein anderer Maßstab an die gegenständliche Tragweite des Patents gelegt wird als im Verletzungsprozeß. Bei der Beschränkung der Prüfung und Anspruchsformulierung auf den Erfindungstatbestand und völlig freier Abgrenzung des Schutzbereichs durch die Gerichte würde also ein von der nationalen Industrie bisher wahrlich schon schwer genug empfundener Mißstand nur noch weiter gesteigert werden. Schon ist ja auch die Forderung erhoben worden, die patentamtliche Nichtigkeitsklage durch eine Zivilklage inter partes zu ersetzen, also gerade das Gegenteil von dem zu tun, was die Industrie wünscht, d. i. bekanntlich, patentrechtliche Streitfragen von rechtsgelehrten und technischen Richtern gemeinsam entscheiden zu lassen. Man will mit der Nichtigkeitsklage inter partes scheinbar auch noch den letzten Rest einer verständigen Verwaltung der Patentrechte hinsichtlich der Nachprüfung des Erfindungsgegenstandes beseitigen. Dagegen aber kann sich die nationale Industrie nicht scharf genug wenden; denn die Nichtigkeitsklage als Streit inter partes dürfte ihr eine solche Belästigung und Prozeßhäufung bringen, daß dagegen die völlige Beseitigung des Patentschutzes als kleineres Übel anzusprechen sein würde.

Wenn gesagt worden ist, das Patentamt dürfe nicht mehr weiter belastet, sondern nur noch *entlastet* werden, so ist demgegenüber denn doch zu erwägen, daß die Überlastung der Zivilgerichte jedenfalls sehr viel schlimmere Blüten gezeitigt hat als die Überlastung des Patentamts. Die Gerichte erfordern einen gewaltigen Zuschuß vom Staat, während das Kaiserliche Patentamt bekanntlich einen jährlich steigenden Überschuß der Einnahmen über die Ausgaben aufweist. Zu den Einnahmen trägt die nationale Industrie ihren Anteil redlich bei, so daß es nur recht und billig erscheinen kann, daß bei den Ausgaben, wenn nicht auf die Wünsche, so doch wenigstens auf das wohlverstandene Interesse der Industrie als eines Hauptfaktors nationaler Wohlfahrt gebührend Rücksicht genommen wird. Um ein solches Ziel zu erreichen, ist in erster Linie eine energische und zielbewußt ausgeübte Mitarbeit der Techniker erforderlich; denn das Patentrecht ist, wie Werner Siemens[166]) mit Recht sagte, eine wesentlich technische Frage, für die echte Rechtswissenschaft allerdings von weittragender Bedeutung und befruchtendem Einfluß sein kann.

[166]) Stenographische Berichte der Sachverständigen-Enquete, 1887, S. 155.

GPSR Compliance

The European Union's (EU) General Product Safety Regulation (GPSR) is a set of rules that requires consumer products to be safe and our obligations to ensure this.

If you have any concerns about our products, you can contact us on ProductSafety@springernature.com

In case Publisher is established outside the EU, the EU authorized representative is:

Springer Nature Customer Service Center GmbH
Europaplatz 3
69115 Heidelberg, Germany

Batch number: 10844623

Printed by Printforce, the Netherlands